"Ainda que um exército me cercasse,
o meu coração não temeria"
Salmo 27:3a

Preencha a **ficha de cadastro** no final deste livro
e receba gratuitamente informações
sobre os lançamentos e as promoções da
Editora Campus/Elsevier.

Consulte também nosso catálogo
completo e últimos lançamentos em
www.campus.com.br

A ARTE DA GUERRA

para Provas e Concursos

A ARTE DA GUERRA

para Provas e Concursos

3ª Edição

William Douglas

analisa

Sun Tzu & Wun Dzu

ELSEVIER

CAMPUS
CONCURSOS

Revisão
Irênio Silveira Chaves

Diagramação
SBNIGRI Artes e Textos Ltda.

Projeto Gráfico
Elsevier Editora Ltda.
A Qualidade da Informação
Rua Sete de Setembro, 111 — 16º andar
20050-006 — Rio de Janeiro — RJ — Brasil
Telefone: (21) 3970-9300 Fax (21) 2507-1991
E-mail: info@elsevier.com.br
Escritório São Paulo
Rua Quintana, 753 – 8º andar
04569-011 – Brooklin – São Paulo – SP
Telefone: (11) 5105-8555

ISBN: 978-85-352-2575-4

Central de atendimento
Tel: 0800-265340
Rua Sete de Setembro, 111, 16º andar – Centro – Rio de Janeiro
E-mail: info@elsevier.com.br
Site: www.campus.com.br

CIP-Brasil. Catalogação-na-fonte.
Sindicato Nacional dos Editores de Livros, RJ

S239a
3.ed.

Santos, William Douglas Resinente dos, 1967
A Arte da Guerra para Provas e Concursos / William Douglas, Sun Tzu & Wun Dzu. – 3. ed. – Rio de Janeiro: Elsevier, 2009.
136 p. — (Ferramentas do desempenho)

Anexo
Inclui bibliografia
ISBN 978-85-352-2575-4

1. Método de estudo. 2. Exames – Manuais, guias, etc. 3. Estratégia. I. Sun-Tzu, Século VI a.C. II. Título. III. Série.

08-3952.

CDD 371.302812
CDU 37.041

Quem é Wun Dzu?

Todo mundo conhece Sun Tzu, o autor do livro *A arte da guerra*, mas ninguém sabe ainda quem é Wun Dzu. Isso é natural, pois Wun Dzu não existiu.

Wun Dzu é o pseudônimo de William Douglas, 1º colocado em diversos concursos e autor, entre outros, do *best seller* “Como passar em provas e concursos”. William Douglas é considerado o maior especialista do país em concursos públicos e é chamado por muitos de “o guru dos concursos”.

Wun Dzu é um chinês imaginário que teria lutado ao lado de Sun Tzu e se tornado seu aprendiz. Depois, foi fazer concursos públicos, que começaram na China, sendo 1º colocado em vários deles. Alguns até acham que ele foi mais sábio que Sun Tzu, pois, ao invés de batalhas, foi trabalhar na Administração Pública, servindo ao rei nos palácios. Seus escritos teriam sido encontrados recentemente em escavações perto de Pequim.

O fato é que as “memórias” de Wun Dzu estabelecem uma relação entre as famosas estratégias de Sun Tzu e as técnicas mais importantes para passar em provas e concursos.

Se tivesse existido, Wun Dzu teria dito exatamente o que está escrito nesse livro. A obra foi escrita em três passos: (1) as lições originais de Sun Tzu, o estrategista, (2) comentários de Wun Dzu e, por fim, (3) comentários de William Douglas.

O símbolo “Wu” (吳), o mais próximo que encontramos de “Wun” na língua chinesa, identifica uma região da China, na área de Jiang Nan (sul do Rio Yangtze), envolvendo Suzhou, na província chinesa de Jiangsu. É também a abreviatura de vários reinos e estados sediados em Wu. A maior cidade desta região é hoje em dia Shanghai.

“Tzu” (慈) é o ideograma chinês para Compaixão e foi o mais próximo que chegamos de “Dzu”.

Os **ideogramas chineses** são muito fortes e significativos. Inserimos 20 ideogramas nas capas de cada tópico, sempre mencionando atitudes úteis nos concursos e na vida. A relação de todos está no final do livro, com breves comentários (p. 105).

O autor, William Douglas

- Juiz Federal e Professor Universitário
- Mestre em Direito pela Universidade Gama Filho
- Presidente e membro de Bancas Examinadoras
- Conferencista e autor de diversos livros e artigos
- Professor-conferencista da EMERJ e da EPGE/FGV
- Professor *honoris* causa da Escola Superior de Advocacia – OAB/RJ
- 1º colocado para Juiz de Direito no Rio de Janeiro
- 1º colocado para Defensor Público/RJ
- 1º colocado para Delegado de Polícia/RJ
- 4º colocado para Professor da Universidade Federal Fluminense
- 5º colocado para Analista Judiciário/TRF da 2ª Região
- 8º colocado para Juiz Federal
- 1º colocado no CPOR/RJ
- 1º colocado no vestibular para Direito na UFF
- Consultor das Editoras Impetus, Campus/Elsevier e Thomas Nelson Brasil
- Oficial de Infantaria do Exército Brasileiro
- Condecorado com as medalhas militares "Correia Lima" e "Soldado da paz"

Obras Publicadas

- *A Maratona da Vida. Um manual de superação pessoal*. 3. ed. Rio de Janeiro: Ediouro, 2007.
- *Como passar em Provas e Concursos* – Versão Integral. 21. ed. Rio de Janeiro: Campus/Elsevier, 2008.
- *Os dez mandamentos para uma vida melhor – os segredos espirituais que trazem a verdadeira felicidade*. Rio de Janeiro: Thomas Nelson Brasil, 2008.
- *Guia de Aprovação em Concursos*. 7. ed. Rio de Janeiro: Campus/Elsevier, 2008.

- *Carta aos concursandos*. Rio de Janeiro: Campus/Elsevier, 2005. Em co-autoria com Francisco Dirceu Barros
- *Como Usar o Cérebro para Passar em Provas e Concursos*. Rio de Janeiro: Campus/Elsevier, 2008. Em co-autoria com Carmem Zara.
- *A Última Carta do Tenente*. 2. ed. Niterói: Impetus, 2005.
- *Medicina Legal – Teoria e prática à luz do Direito Penal e Processual Penal*. 7. ed. Niterói: Impetus, 2006. Em co-autoria com Flávio Granado Duque, Abouch Valenty Krymchantowski, Lélio Braga Calhau, Roger Ancillotti e Luiz Marcelo Xavier.
- *Comentários sobre a Lei contra o Crime Organizado* – **Lei nº 9.034/95**. 2. ed. Niterói: Impetus, 2001. Em co-autoria com Abel Fernandes Gomes e Geraldo Prado.
- *Estudos Críticos sobre Direito Penal e Direito Processual Penal*. Rio de Janeiro: Lumen Juris, 1995, em co-autoria com Geraldo Prado e Guaraci de Campos Vianna.
- *Justiça Federal: Uma Proposta para o Futuro*. CEJ/STJ, 1995, em co-autoria com Leandro Paulsen e Paulo Fernando Silveira.
- *Gestão de Serviços com Qualidade e Produtividade*. 2. ed. Niterói: 9/9 (Ed. Universitária da UNIVERSO), 1997, em co-autoria com Gildásio Mendes.
- *Manual do Conciliador e do Juiz Leigo nos Juizados Especiais Cíveis: doutrina e prática*. Niterói: Impetus, 2006. Em co-autoria com Luiz Claudio Silva e Nagib Slaibi Filho.
- *Leitura Dinâmica – Como multiplicar a velocidade, a compreensão e a retenção da leitura*. 6. ed. Rio de Janeiro: Campus/Elsevier, 2006. Em co-autoria com Ricardo Soares.
- *Criando Campeões*. Rio de Janeiro: Thomas Nelson Brasil, 2008. Em co-autoria com Renato Araujo e Diego Hypolito.
- *Princípios Básicos da Argumentação Jurídica*. 2. ed. Niterói: Impetus, 2006.

www.williamdouglas.com.br

Apresentação

Poucos sabem, mas os primeiros concursos públicos aconteceram na China, há mais de 2.000 anos. A escolha dos servidores públicos através do mérito teve seu início histórico no mesmo lugar em que viveu o mais lido de todos os estrategistas militares: Sun Tzu.

Contudo, Sun Tzu não fez concursos. Wun Dzu, sim.

Após uma breve carreira militar, em que conheceu e compartilhou a mesa com o grande comandante Sun Tzu, Wun Dzu dedicou-se a estudar as estratégias do general aplicadas ao esforço da grande quantidade de chineses que desejavam trabalhar para o governo.

Conjugando os ensinamentos militares de Sun Tzu com sua experiência nas provas e concursos chineses, Wun Dzu desenvolveu seu próprio método, que veio a ser registrado em manuscritos recentemente descobertos.

Daí, é grande minha satisfação, e honra, por poder comentar as palavras de dois combatentes que tiveram, em suas vidas, grandes batalhas e vitórias.

Como diz o Rei Salomão, o homem mais sábio da Terra e que aprendeu sobre a guerra com o Rei Davi, "com conselhos prudentes tu farás a guerra; e há vitória na multidão de conselheiros" (Provérbios 24:6).

Foi com alegria que anotei e comentei os conselhos que ora apresento.

(*) Espero que os leitores apreciem a leitura e utilizem as excelentes lições da presente obra para alcançar a vitória em suas próprias e honradas batalhas.

William Douglas
Juiz Federal
Oficial de Infantaria

(*) Nota:

Convido a todos a conhecerem o site *www.williamdouglas.com.br*, onde terão acesso a material extra (artigos, vídeos, informativos etc.). Também tenho debatido o tema na comunidade "williamdouglas" no orkut. Disponibilizei diversos vídeos no "youtube". Para críticas, sugestões e comentários, por favor, utilizem o "fale com william douglas", no meu site.

平

Prefácio

Atualmente é desnecessário apresentar **Sun Tzu**, general que conquistou o respeito, e os exércitos, da China; general que ensinou Alexandre, o Grande, Napoleão, Mao Tse Tung e tantos outros; general que se tornou leitura obrigatória nas escolas militares, empresas e universidades. Sun Tzu, glória da China, glória do intelecto, glória da inteligência e da perspicácia; mas, mais que tudo, general que vencia as batalhas, homem de ação e de resultados.

O ensino de Sun Tzu está consubstanciado nos ***treze capítulos***, nome dado ao somatório de suas lições. São esses ***treze capítulos*** que foram traduzidos, comentados e algumas vezes deturpados por todo o planeta, desde que as vitórias de Sun Tzu, e daqueles que seguiam suas táticas, começaram a se avolumar.

Segundo Sueli Barros Cassal (L&PM, p. 9), "Com seu caráter sentencioso, Sun Tzu forja a figura de um general super-homem cujas qualidades são o segredo, a dissimulação, a astúcia e a surpresa. Esse general deve evitar cinco defeitos básicos: a precipitação, a hesitação, a irascibilidade, a preocupação com as aparências e a excessiva complacência. Para vencer, deve conhecer perfeitamente a terra (a geografia, o terreno) e os homens (tanto a si mesmo quanto ao inimigo). O resto é uma questão de cálculo. Eis a arte da guerra."

Wun Dzu apenas há pouco foi descoberto. Porém, teve a honra de sentar à mesa com o grande Sun Tzu. Depois de ler as obras do general, e de ter sucesso militar suficiente para ser lembrado, Wun Dzu dedicou-se aos concursos públicos. Sim, eles começaram na China, há mais de 2.000 anos. Em uma terra de grandes guerreiros, os embates pelas vagas no serviço público de então exigiam a mesma nobreza, dedicação e virtudes que os combatentes de infantaria ou cavalaria não podiam prescindir.

Nesse terreno fértil, Wun Dzu utilizou os ensinamentos do então já idoso Sun Tzu, reconhecidamente o primeiro e um dos maiores, senão o maior, de todos os estrategistas. Somou ao aprendizado das treze lições originais de Sun Tzu não só sua experiência nas provas e, depois, na vida pública, mas também do grande número de chineses que passaram a interagir com ele em busca do mesmo sucesso em concursos.

Seus manuscritos, perdidos por séculos a fio, encontraram o sol da manhã durante uma feliz escavação onde – atônitos – pesquisadores e arqueólogos lograram descobrir que a China tem a ensinar sobre todas as guerras, mesmo as que não são travadas com espadas e pólvora.

Aos leitores, os votos de que se transformem em grandes guerreiros.

Eu, William Douglas, sempre sustentei que o concurso não é uma guerra, mas uma escolha e uma carreira, com suas exigências e retribuições. No entanto, não há dúvida que os ensinamentos de Sun Tzu servem ao concursando como fonte de inspiração, esclarecimento e método.

A estratégia militar tem muito a ensinar. O próprio xadrez, uma guerra travada em tabuleiro, traz muitas lições, como cito em minha página pessoal, **www.williamdouglas.com.br**.

Desde cedo fui leitor ávido de histórias das guerras, desde as da antigüidade até o Vietnã, com especial atenção para a II Grande Guerra e as guerras árabe-israelenses. Não foi à toa que gastei parte de minha vida para ser Oficial do Exército, da Arma de Infantaria. Assim, fico feliz em poder comentar Sun Tzu e ainda poder acrescer lições de outras escolas: o *Bushido*, o Código dos Samurais; o Kendô, o Caminho da Espada; o judô, o Caminho Suave, arte que gostava de praticar; e, por fim, algumas lições de outro respeitado guerreiro, o samurai Miyamoto Musashi, autor do *Livro dos 5 anéis*.

Na Bíblia, também existem histórias de batalhas e de grandes generais, como Josué, Gideão, Davi, Abner, Josafá etc. Foi outra fonte de aprendizado, vez que "guerra" e "combate" são temas recorrentes nela (Salmos 27:3; Salmos 144:1; Provérbios 20:18; Provérbios 24:6; II Timóteo 2:4 e 4:7 e Efésios 6:10-13). Neste pequeno "manual", ao comentar Sun Tzu e Wun Dzu, pude trazer à tona muitos anos de estudo e leitura sobre guerra e estratégia.

Este é um livro sobre guerras e combates, sobre guerreiros e honra. Daí, minha alegria em apresentá-lo ao mercado e aos concurseiros, como um manual, um substrato extraído das leituras e avaliações que eu mesmo precisei fazer quando o combate era feroz e a vitória, por mais que esperada, ainda incerta.

Uma coisa, porém, é segura : "O verdadeiro objetivo da guerra é a paz", frase de Sun Tzu que também se aplica ao concurso público. O concurso traz paz ao vitorioso que, nomeado e empossado, passa a ter uma série de prerrogativas a bem da coletividade; e um bom servidor público, que honra seus trajes, traz paz ao povo, que restará respeitado, servido e honrado naquilo que é, em qualquer República que se preze: o titular do poder.

Já se foi o tempo de reis e imperadores. Nossa próxima conquista é entregar ao povo, de fato, o poder que juridicamente já tem. Nossa conquista será trazer justiça, pão, educação, segurança e lazer a cada brasileiro. Não sei dizer ao certo se isto é uma guerra, uma utopia, um projeto ou um destino. Mas posso dizer que bons servidores são parte do exército que conquistará essa glória.

A você, concursando, os votos de que lute com honra e disciplina a guerra do concurso, e, tendo sucesso, que seja soldado de um novo serviço público e, assim, de um novo tempo.

William Douglas, servidor público.

Agradecimentos

A produção da presente obra contou com o entusiasmo e boa vontade do Geison Fortuna, Saul Bento Nigri, Eduardo Pina, Márcia Henriques, Raquel Zanol, Vanessa Huguenin, Claudia Toledo e Aline Lepore, que deram valioso carinho à idéia originalmente concebida. Também agradeço a Paul Christoph e Mark Saffer: sem eles este livro não seria o mesmo.

Agradeço especialmente ao editor Cláudio Varella, da Editora Jardim dos Livros, que permitiu o uso da tradução de Sun Tzu que mais utilizei, publicada por ele e uma das melhores do mercado (*A arte da guerra: os treze capítulos originais*)*.

Agradeço aos colegas que leram os originais e elaboraram as frases que constam da quarta capa e orelhas, além de contribuirem com comentários e sugestões. São profissionais que admiro e, naturalmente, grandes guerreiros.

* Salvo menção em contrário, as traduções citadas são da Editora Jardim dos Livros, cuja edição da obra "*A arte da guerra*", de Sun Tzu, recomendo (**www.jardimdoslivros.com.br**).

Sumário

Introdução 1

Capítulo I Análise e Planos (ou, da Avaliação, ou Preparação dos Planos) 9

Capítulo II Operação de Guerra (ou, do Comando da Guerra ou, Guerra Efetiva) 19

Capítulo III Preparando o Ataque (ou, a Espada Embainhada) 25

Capítulo IV Posições e Táticas (ou, Táticas) 33

Capítulo V Estratégia do Confronto Direto e Indireto (ou, Energia) 37

Capítulo VI Pontos Fracos e Pontos Fortes (ou, do Cheio e do Vazio) 43

Capítulo VII Da Arte do Confronto (ou, Manobras) 51

Capítulo VIII Variação de Táticas (ou, a Arte das Mudanças, ou, Eventualidade) ... 59

Capítulo IX O Exército em Movimento (ou, Exército em Marcha, ou, Da Importância da Geografia) ... 67

Capítulo X Terreno (ou, Topografia) ... 73

Capítulo XI Nove Tipos de Situações (ou, Dos Nove Tipos de Terrenos) ... 79

Capítulo XII Ataque pelo Fogo (ou, Da Pirotecnia) ... 87

Capítulo XIII Uso de Espiões ... 89

Conclusão ... 93

1. Sun Tzu e a defesa dos interesses do país ... 95
2. As novas guerras ... 96
   - 2.1. A guerra do sucesso ... 96
   - 2.2. A guerra dos espelhos flutuantes ... 98
   - 2.3. A guerra silenciosa ... 100

Anexo Ideogramas chineses e breves comentários ... 105

Bibliografia ... 113

Este livro é dedicado a grandes guerreiros
e a grandes revolucionários:

Ayrton Senna
Bernardinho
Bob Dylan
Che Guevara
Davi, Rei de Israel
Frei David Santos, ofm
Gabriele Andersen-Scheiss
Irineu Evangelista de Souza, o Barão de Mauá
Izequias Estevam dos Santos
James Tubenchlak
Jesus Cristo
Juscelino Kubitschek
Lance Armstrong
Mahatma Gandhi
Malcolm X
Marechal Henrique Lott
Martin Luther King, Jr
Martinho Lutero
Michael Jordan
Patch Adams
Paulo Freire
Rosa Parks
Saladino
Santos Dumont
Vanderlei Cordeiro de Lima
William Wallace
Você.

Nao quero chocar ninguém, mas ao meu ver o que existe na mente existe no mundo. Assim, também dedico esse livro a: Ferris Büeller, Forrest Gump, Rocky Balboa e Rod Tidwell.

Introdução

Tao – O Caminho

Introdução

Sun Tzu foi indicado por um ministro do rei Hu Lu que lhe disse: "Li atentamente seus treze capítulos[1] e fiquei muito contente, mas os preceitos que sugeres me parecem de difícil execução. Alguns deles me parecem absolutamente impraticáveis[2]. Posso submeter sua teoria de dirigir soldados a uma pequena prova?" Sun Tzu respondeu afirmativamente, relatando que praticara todos seus ensinamentos e que poderia ensiná-los a qualquer pessoa. O rei, querendo se divertir, perguntou: "A prova pode ser feita em mulheres?"

A resposta tornou a ser afirmativa e o teste foi realizado com as damas da corte, entre elas as preferidas do soberano.

Sun Tzu escolheu duas delas, as prediletas do rei, para atuar como comandantes, e as instruiu seriamente. Cada uma delas iria dirigir como um verdadeiro oficial as suas respectivas companhias. As mulheres, no total de 300, trajando capacetes e armaduras, com espadas e escudos, foram orientadas por Sun Tzu. Em seguida, foram separadas em dois grupos, ficando cada um sob o comando de uma concubina. Logo após um breve treinamento, foi marcada a apresentação perante o rei.

---

[1] Jardim dos Livros, p. 9.

[2] L & PM, p. 12.

Mas, a despeito do treinamento dispensado pelo atento general, na hora da ação, quando receberam a ordem de "Direita volver", todas caíram na risada e nada fizeram. Sun Tzu falou com sabedoria: "Se as ordens do comando não foram suficientemente claras, se não foram totalmente compreendidas, então a culpa é do general". Por conseguinte, repetiu a orientação e ordenou: "Esquerda volver", igual à vez anterior. Ao receberem as ordens, as mulheres voltaram a cair na gargalhada. Desta vez, Sun Tzu realmente enfureceu-se e disse: "Se as instruções não são claras e se não se acredita nas ordens, a falta é do general. Quando foram instruídas novamente e as ordens explicadas, e se ainda assim as tropas desobedecem, a falta é dos oficiais. De acordo com as normas de disciplina militar, qual é o procedimento?" O Mestre de Leis disse: "Decapitação!"

Assim, as concubinas foram decapitadas, ainda que contra a vontade do rei. Quando o rei tentou evitar a punição, Sun Tzu invocou a autonomia inconteste das suas ordens como comandante nomeado. Disse ao rei que "o príncipe faz a lei", mas não poderia dar ordens que aviltassem a dignidade com que o tinha revestido.

As concubidas, preferidas do rei, pagaram com a vida seus gracejos diante do general.

Sun Tzu, então, emite novamente as ordens, sendo que desta vez foi prontamente obedecido. Dirigindo-se ao rei, disse: "O exército está bem organizado. Gostaria que Vossa Majestade o observasse. Como quer que o desejes não apresentará dificuldades. Pode ser utilizado para ordenar tudo o que há sob o Céu".

O rei, inconsolável pela perda das suas concubinas, não quis mais admitir Sun Tzu, dizendo que não queria saber dele nem de seus serviços.

Ao se retirar, Sun Tzu disse: "O rei ama palavras vazias. Não é capaz de juntar o gesto às palavras".

Passado algum tempo, como a situação do seu reino piorava e seus inimigos estavam prestes a aniquilá-lo, o rei preferiu esquecer as concubinas e aquele exercício funesto. Ao ver-se perdido, convocou SunTzu acreditando que seria oportuno admiti-lo como conselheiro militar. O seu exército, dali por diante, reorganizado e treinado pelo seu novo general, lhe deu grandes conquistas territoriais. Outros reis vieram pedir sua proteção ao invés de enfrentá-lo.

Esta história é citada em todos os livros sobre Sun Tzu.

A ordem do príncipe, depois de dada, assemelha-se ao edital do concurso: precisa ter fiel cumprimento. Atualmente, temos ordens já dadas, como a Constituição da República e as leis, e ordens específicas, os editais dos concursos, que também devem ser integralmente cumpridos, podendo ser opostos ao "príncipe", ainda que a contragosto deste.

Outro ponto interessante é que, na história original, o príncipe considerava as mulheres menos habilitadas ao combate, opinião não compartilhada por Sun Tzu. Para este, o treinamento era mais importante que a força. Atualmente, as mulheres têm mostrado que nos concursos não há qualquer vantagem dos homens. Ao contrário, mesmo lutando com jornada dupla, filhos etc, as mulheres vêm se sagrando vencedoras. O treinamento é mais importante que o sexo ou as condições prévias de cada um.

Mas, de tudo o que esta história mais encanta, é a frase de Sun Tzu ao desconsolado governante que o manda partir:

> **"O rei ama palavras vazias. Não é capaz de juntar o gesto às palavras".**

Para haver sucesso nos concursos, é preciso abrir mão das palavras vazias e juntar o gesto às palavras. O concurso não é campo favorável para paroleiros, mas sim para aqueles que se põem mãos à obra, que estudam e treinam muito.

Os ensinamentos contidos nos *treze capítulos* originais de Sun Tzu aplicam-se a todo e qualquer conflito, alcançando cada pessoa que tenha um opositor, seja ele outro ser humano ou um projeto de grande monta. Aplica-se na empresa, no casamento, em tudo, inclusive nas escolas, faculdades e concursos públicos.

Outros livros dizem que Sun Tzu, ao se retirar, falou:

> **"Você é um rei. Talvez seja um rei que deseja a vitória mas que não se submete à estratégia nem à disciplina."**

Sem estratégia e sem disciplina não há vitória. E foi a partir daí que Wun Dzu fez sua escola.

Wun Dzu procedeu a uma série de comparações entre as batalhas campais, especialidade de Sun Tzu, e as batalhas intelectuais que se travavam nas avaliações e provas nas quais os governantes de então escolhiam os cidadãos mais preparados para os encargos públicos.

Wun Dzu comparou o rei, o príncipe, ao interessado em ter sucesso nos concursos, ou seja, aquele que toma a decisão primária. Em seguida, comparou o general à "mente consciente"[3] do candidato, e seus homens ao poder do inconsciente.

Tomada a decisão de ser um servidor, dizia Wun Dzu, era preciso que a mente se transformasse num sério e arguto general disposto a comandar a si mesmo em busca da vitória. Seu exército são (1) seus pensamentos, (2) seu corpo, (3) seu auto-controle.

---

[3] Temos, no cérebro, consciente e inconsciente. O consciente processa 40 bits por segundo e o inconsciente cerca de um a dez milhões de bits por segundo. O consciente funciona como um "programador" do inconsciente, que trabalha, por assim dizer, "no automático", mas pode ser treinado e dirigido pelo consciente.

Assim, se você quer agir como Wun Dzu recomenda, entenda-se como seu próprio rei, como seu imperador, como príncipe de si mesmo e decida que reino quer conquistar para si próprio. Eleja-se, em seguida, como seu comandante, seu próprio general.

A guerra a ser vencida é o concurso.

Sun Tzu sempre disse que o primeiro inimigo a ser vencido é a própria pessoa. Apenas após assegurar vitória contra sua própria indolência é que um militar poderia ousar desafiar outros combatentes. Wun Dzu dizia que, vencido o inimigo interno, o inimigo a ser enfrentado era o funcionário ou funcionários de maior escalão que entrevistavam os candidatos e os submetiam a testes. Atualmente, chamamos isso de banca examinadora. Eis o inimigo externo a ser vencido.

E o que dizer do terreno?

O terreno nada mais é que a matéria. É preciso conhecer a matéria que consta no Programa. Wun Dzu dizia que se nas guerras Sun Tzu prestigiava o terreno, nos concursos o "terreno" era o conhecimento que seria exigido pelo príncipe ou seu representante.

Wun Dzu, cautelosamente, foi comparando cada elemento dos *treze capítulos* ao que ocorria nas provas. Primeiro, aplicou esses conhecimentos para si, tendo grande sucesso; depois ao seus discípulos, que também lograram sucesso incomensurável.

Esta obra traz, portanto, as lições de Sun Tzu e as adaptações feitas por Wun Dzu a partir de sua experiência pessoal.

Resumindo,

a guerra é o concurso,

você é o príncipe,

o general é o seu consciente,

seus exércitos e soldados são seu inconsciente, memória, inteligência e todo seu corpo,

o inimigo (depois de vencido o inimigo interno), é a banca examinadora,

a batalha é a prova,

o terreno é a matéria que consta no Edital, a ser aprendida para enfrentar o "inimigo" assim como os exércitos precisavam conhecer as colinas e vales onde os combates seriam travados.

os espiões são os professores, os livros, os cursos, as provas anteriores, os simulados e concursos reais "por esporte", sobre o qual falaremos adiante.

Se você compreender a analogia e a adequação entre os tempos e os modos, se tornará um guerreiro formidável, diante do qual todas as batalhas parecerão palha retorcida.

Agora, demos início aos *treze capítulos* originais e ao que sobre eles se referiu Wun Dzu.

CAPÍTULO I

ANÁLISE E PLANOS
(ou, da Avaliação, ou Preparação dos Planos)

清

Clareza

Sun Tzu disse:[4]

"A arte da guerra é questão vital para o Estado. É o âmbito onde a vida e a morte são fundamentadas, um caminho que leva à aniquilação ou determina a sobrevivência. Deve ser examinada com cuidado e nunca negligenciada".

Wun Dzu disse:

"A arte de passar em concursos é questão vital para o candidato. É o âmbito onde a vida e a pensão após a morte são fundamentadas, um caminho que leva à aniquilação ou determina a sobrevivência. Deve ser examinada com cuidado e nunca negligenciada".

William Douglas:

De fato, a vida está cheia de desafios e o concurso, a realização profissional e a grana certa no final do mês não resolvem todos os dilemas humanos. Mas que ajudam, ajudam.

O concurso não é a panacéia de todos os males mas, em compensação, contribui de forma exuberante para que seu discípulo tenha melhores condições de viver, realizar-se e dedicar-se a outros desafios.

Os vencimentos, a aposentaria e a estabilidade permitem ao bem sucedido em concursos dar a vida profissional por resolvida

---

[4] Jardim dos Livros, p. 25.

ou ter uma base para prestar novos concursos (o chamado concurso-escada), mais difíceis e que sejam o sonho dele ou permitam melhores condições de tempo, remuneração ou *status*. Querer *status* não é reprovável, reprovável é o que se faz com o *status* que se tem.

Se a vida profissional está resolvida, podem ter vez novos sonhos, novos desafios, como um ou mais um curso superior, uma pós-graduação, a viagem dos sonhos, correr uma maratona, compor uma sinfonia, voluntariado etc.

A grande quantidade de vantagens e a diminuta carga de contra-indicações mostra que a "opção concurso" deve, sim, ser examinada com cuidado e que a preparação para passar não deve ser negligenciada.

Sun Tzu afirmava que a única forma para prever o resultado de uma guerra era analisar a situação com base nos cinco fatores[5]:

"PRIMEIRO – TAO (CAMINHO)

Várias mentes com um único ideal, o caminho que faz o pensamento do povo estar em completa harmonia com o de seus governantes, levando-o a segui-lo para viver ou para morrer, sem temer nenhum dos riscos.

SEGUNDO – CLIMA

É a sombra e a luz, o calor e o frio, o tempo e a sucessão das estações. Aceitar ou desafiar condições determinará a vitória militar.

TERCEIRO – TERRA

Referem-se às distâncias; dificuldades de travessia; condições do terreno para a disposição das tropas. A análise da situação da Terra define oportunidades de vida e de morte.

[5] Para uns, O Caminho, Clima, Terra, Líder e Métodos; para outros, Lei Moral, Céu, Terra, Chefe e Método e Disciplina; para outros, Doutrina, Tempo, Espaço, Comando e Disciplina (conforme as versões referidas na bibliografia).

QUARTO – LÍDER

A virtude da sabedoria, integridade, disciplina, coragem e humanidade.

QUINTO – MÉTODOS

Impõem eficiência, controle de gastos (tropas), uma cadeira de comando adquada e suporte logístico."

Wun Dzu disse:

O PRIMEIRO FATOR, O TAO OU "CAMINHO"

É o ideal de vida, é o passar. É um grau de pensamento e harmonia onde o guerreiro completo[6] se dispõe a passar em um concurso sabendo que esta tarefa é demorada e trabalhosa. A paz do caminho é obtida com esse grau de consciência. Ele não teme reprovações ou dificuldades pois já compreendeu os riscos e os prêmios da empreitada onde se lança e se determina permanecer até que vença.

O SEGUNDO FATOR, O CLIMA

É a sombra onde precisa descansar do estudo, a luz trêmula da vela que queima durante a madrugada diante dos manuscritos, o calor da pressão dos parentes, o frio da solidão que às vezes se sente, o tempo necessário até aprender a matéria, a sucessão das estações até que o guerreiro completo sagre-se campeão. Aceitar ou desafiar tais condições determinará a vitória do militar.

[6] Wun Dzu chama de "guerreiro completo" o candidato que sabe ser (1) seu próprio rei ou imperador, príncipe de seu auto-domínio, (2) cuja mente consciente assume a função de general, não se deixando levar pelas atitudes ou comportamentos impensados; (3) cujos "homens do exército" estão a serviço do general, ou seja, cujo inconsciente é treinado e domado e cujo corpo está em guarda. Ao compatibilizar os treze capítulos ao concurso, o candidato é, a um só tempo, rei, general e soldado, ao passo que o inimigo externo é a banca examinadora e o terreno, a matéria a ser aprendida.

O TERCEIRO FATOR, O TERRENO

É o conjunto de todos os conhecimentos matemáticos, físicos, históricos, lingüísticos e da sabedoria que o imperador ou seu supervisor exigirá do candidato.

O QUARTO FATOR, O LÍDER

É o conjunto das virtudes exigidas: sabedoria, integridade, disciplina, coragem e humanidade, importantes tanto para suportar as agruras da preparação para as provas quanto para exercer as funções públicas nos palácios e agências do rei por toda a China.

O QUINTO FATOR, OS MÉTODOS

É representado pela eficiência, controle da situação, pela administração do tempo, das urgências e demandas pessoais até que seja aprovado. Envolve não só aprender a estudar e a fazer as provas como também a habilidade para negociar atenção e sossego com familiares e o suporte logístico (o sustento pessoal durante os meses ou anos de preparação até que se alcance o cargo).[7]

Sun Tzu dizia que "todos os comandantes que negligenciarem esses cinco fatores estarão fadados ao fracasso, porém, os que os dominarem, conquistarão a vitória", e Wun Dzu completava que o concursando não vive em mundo diferente, tendo que atentar para os mesmos fatores, apenas adaptando-os, até que seja aprovado.

William Douglas:

Reparem que os fatores citados por Sun Tzu, se bem adequados, representam as três grandes áreas que abordei no meu livro: (1) organização e planejamento, (2) aprender como estudar

[7] Naturalmente, falando-se de Métodos, permitimo-nos recomendar nossas obras *Como Passar em Provas e Concursos* e *Guia de Aprovação em Concursos*, ambas publicadas pela Editora Campus/Elsevier, pois, para os concursos da atualidade, trazem todas as técnicas e métodos não só de organização e planejamento, mas também de estudo e realização de provas.

e (3) aprender como fazer provas. O que Sun Tzu usou para a guerra é o mesmo que, em tempos de paz, utilizamos para qualquer projeto: motivação e técnica, os dois pilares que, se equilibrados, produzem sucesso.

O que fazer? ***As Dez perguntas*** que definem a alma do guerreiro invencível:

1. Estou consciente das dificuldades e prêmios desse projeto? Eu as evito ou procuro conforme possam me trazer a vitória?
2. Sou, em relação a mim mesmo, um comandante competente e habilidoso?
3. O que me falta para, competente e habilidoso, ser um guerreiro completo?
4. Avalio e me organizo para ter as vantagens do Clima e lidar com as Tempestades?
5. Aprendo a caminhar pelo Terreno (pela matéria) como um animal da Terra e não como um peixe no deserto?
6. Aprendi os métodos e sou rigorosamente disciplinado?
7. Sei ser rigoroso com minhas fraquezas, sábio ao me recompensar com o lazer descansativo[8] e capaz de punir com o "não" o meu próprio descaso?
8. Qual exército tem a maior força, aquele sob meu comando, ou o adversário, que me imporá perguntas que apenas o Terreno pode responder?
9. O meu exército já está suficientemente treinado?
10. Já enfrentei o Terreno com orgulho e o Inimigo com humildade, o Terreno com persistência e o Inimigo com tenacidade?

Através dessas comparações, é possível saber o resultado de qualquer guerra.

---

[8] "Lazer descansativo" é uma expressão incomum, aparentemente redundante, criada por Wun Dzu. Ele distinguia (1) o lazer que recompunha as forças do guerreiro, a que chamava de "descansativo" e (2) o lazer chamado de "lascivo", descrito como o do "indolente, irresponsável, de quem não quer aprender o Caminho ou já desistiu dele, de quem não acredita em si mesmo ou desconhece as virtudes do esforço". O "lazer descansativo" de Wun Dzu pode ser comparado ao "ócio criativo" de Domenico De Masi.

Sun Tzu disse:[9]

"Há momentos em que a maior sabedoria é parecer não saber nada."

Wun Dzu disse:

"Os candidatos que parecem saber nada estudam e passam. Os que julgam saber todas as coisas são arrogantes e dificilmente logram êxito."

Sun Tzu disse:[10]

"A arte da guerra implica cinco fatores principais, que devem ser objeto de nossa contínua meditação e de todo o nosso cuidado, como fazem os grandes artistas ao iniciarem uma obra-prima. Eles têm sempre em mente o objetivo a que visam, e aproveitam tudo o que novos conhecimentos e todos os subsídios que possam conduzi-los ao êxito."

Wun Dzu disse:

"A arte do concurso é a mesma arte da guerra, na medida das coisas, tanto que o olhar atento permitirá que nasça sob o sol da China tanto o guerreiro das armas quanto o guerreiro do conhecimento."

Sun Tzu disse:[11]

"Haverá ocasiões em que se rebaixarás, e outras em que simularás medo. Finge ser fraco a fim de que teus inimigos, abrindo a porta para a presunção e para o orgulho, venham atacar-te em hora errada, ou sejam surpreendidos e derrotados vergonhosamente."

---

[9] Jardim dos Livros, p. 24.

[10] L&PM, p. 20.

[11] L&PM, p. 24.

Wun Dzu disse:

"Haverá momentos em que, estudando e com dúvidas, após várias reprovações e injustiças, após mil dias de luta, tu te sentirás pequeno e terás medo. Pessoas irão rir ou duvidar de você. Nessa hora, você parecerá fraco, e deves mesmo fingir sê-lo, a fim de que, quando a vitória chegar, seus maus amigos sejam surpreendidos. Outros podem ter presunção e orgulho, tu deves ter humildade e esforço."

William Douglas:

Usando as palavras do próprio Sun Tzu, se quisermos que a glória e o sucesso acompanhem nossas armas, jamais devemos perder de vista a técnica de estudo. Não refletir seriamente sobre o assunto evidencia uma indiferença condenável pela conservação ou pela perda do que mais se preza. Isso não deve ocorrer entre nós.

Samuel B. Griffith, que verteu a obra de Sun Tzu do chinês para o inglês, comentou (Editora Paz e Terra, p. 9): "*Sun Tzu tinha plena consciência de que um combate envolve muito mais que o confronto entre homens armados. 'Os números, isoladamente', afirma 'não representam qualquer vantagem.' Ele atribuiu maior importância aos aspectos morais, intelectuais e circunstanciais envolvidos na guerra do que propriamente aos físicos, e advertiu reis e comandantes para que não depositassem sua confiança única e exclusivamente no poderio militar. Não concebia a guerra como massacre e destruição; conquistar deixando tudo intacto, ou tão intacto quanto possível, era o maior objetivo da estratégia empregada.*"

Conceba o concurso não como "massacre" e "destruição" mas como um "privilégio" que a Constituição dá ao seu povo: qualquer cidadão pode conseguir um cargo público pelo mérito, independentemente de sexo, raça, cor, religião ou condição sócio-econômica. Mesmo que seja mais difícil para alguns, a oportunidade é para todos.

Sun Tzu sugeria ser melhor a conquista sem destruição. Você deve conquistar seu cargo sem destruir você mesmo, sua saúde, seus relacionamentos... E isso é possível, se agir com sabedoria e inteligência. Ou, como dizia Jesus, "de que adianta ganhar o mundo inteiro e perder a própria alma." (Marcos 8:36)

Também não é preciso "destruir" seu colega de sala.

Ao longo desse livro, falaremos sobre como conseguir vitória sem destruição.

Também não se impressione com as condições iniciais de inteligência ou dinheiro, com as facilidades que uns podem ter a mais do que outros. Segundo Sun Tzu, "**os números isoladamente não representam qualquer vantagem**"[12].

O que realmente conta é o conjunto das virtudes morais, a obtenção (ainda que isso demande tempo) das virtudes intelectuais e a boa administração dos fatores circunstanciais.

Todos os dias recebo notícias de pessoas que compartilham comigo sua aprovação em concurso. Existem, claro, os ricos, inteligentes e bem aquinhoados. Mas também vejo bastante: pobres, idosos, mulheres divorciadas, pessoas com problemas familiares ou financeiros, pessoas que moram longe, que trabalham longas jornadas, com filhos etc.

Enfim, "dificuldades isoladamente não representam desvantagem real": o que importa é a força de vontade de quem guerreia por dias melhores. Aliás, é das pessoas com mais dificuldades que em geral saem os melhores exemplos de fibra e determinação.

---

[12] Paz e Terra, p. 9.

CAPÍTULO II

OPERAÇÃO DE GUERRA
(ou, do Comando da Guerra
ou, Guerra Efetiva)

Ambição

Sun Tzu disse:[13]

"A arte da guerra é um exército de mil carros velozes; mil carroções cobertos de couro e cem mil guerreiros com cotas de malha. Abundância de coisas necessárias para esse exército deslocado sobre uma distância de mil li[14], com gastos no Estado e no campo de operações. Incluindo enviados ao exterior e conselheiros; matérias e manutenção de carros e armaduras. Somente quando você tiver mil peças de ouro para cada dia de guerra poderá mobilizar mil guerreiros".

Wun Dzu disse:

"A Arte da Guerra para Provas e Concursos é um exército de mil desafios; mil oportunidades e até cem mil dias de combate. Há abundância de coisas necessárias para esse exército ser deslocado sobre toda a distância do terreno[15], com gastos de tempo, espaço e cansaço, na vida do guerreiro e no campo de operações das jornadas dos meses. Inclui enviados ao exterior e conselheiros; matérias e manutenção de carros e armaduras. Somente quando você tiver dez mil dias de estudo, e mil combates em campo aberto com o inimigo, poderá passar em mil concursos sem temer a reprovação".

---

[13] Jardim dos Livros, p. 33.

[14] 1,71 li atuais equivalem à mil metros. Esse comprimento pode ter sofrido variação desde a época de Sun Tzu.

[15] Wun Dzu não se preocupava com medições geográficas, pois para ele o terreno era a matéria do concurso, o conjunto de conhecimentos a serem demonstrados nas provas. Naturalmente, a diferença entre os cargos e funções da época tornavam, tanto quanto hoje, o "terreno" variável para um ou outro interessado.

William Douglas:

Ambos os generais, cada um com seus termos, informam da necessidade de planejamento e obtenção de grande quantidade de armas, suprimentos e recursos para vencer os combates. Guerras como as de Sun Tzu e provas como as de Wun Dzu exigem preparação prévia e dedicada. Não se guerreia com outro reino sem dinheiro, nem se faz concursos sem estudo e treino.

É interessante que eu, nos livros e palestras, desenvolvi a máxima de que "não há prazo", ao passo que Wun Dzu preferiu – aproveitando-se do texto manuscrito de Sun Tzu – referir-se a "dez mil dias de estudo" e a "mil combates em campo aberto", até que não houvesse risco de derrota.

Embora por caminhos diferentes, a lição é a mesma: não tenha pressa, esteja preparado para dez mil dias de estudo e para mil concursos, que certamente você será aprovado antes disso. Não tema as derrotas em "batalhas" já que o grande guerreiro almeja a vitória é na "guerra".

Sun Tzu disse:

"Na guerra, preze pela vitória rápida e evite as operações prolongadas".

Wun Dzu disse:

"No concurso, preze pela vitória final e prepare-se para operações prolongadas".

William Douglas:

É evidente a diametralidade. A guerra deve ser vencida com rapidez, como o Exército alemão mostrou com a *blitzkrieg* e o Exército de Israel operacionalizou na Guerra dos Seis Dias.

O concurso não, ele é batalha onde a preocupação é a vitória final, sendo de sua natureza derrotas em muitas batalhas até que o concursando esteja suficientemente maduro intelectual e emocionalmente. No concurso não ocorrem mortes físicas! O mesmo guerreiro volta, no próximo certame, maior e mais forte.

Ao passo que Sun Tzu fugia de operações prolongadas, Wun Dzu preparava seus discípulos para essas longas jornadas, prometendo "dez mil dias de estudo" e "mil combates" antes da vitória estar assegurada. Não posso, claro, deixar de mencionar os "mantras": "Concurso não se faz para passar, mas até passar" e "A dor é temporária, o cargo é para sempre". Não há prazo. Afinal, "**a diferença entre o sonho e a realidade é a quantidade certa de tempo e de trabalho**".

Quanto tempo? Quanto trabalho?

Essa é uma preocupação menor. O guerreiro completo e invencível olha o horizonte e se prepara para cem mil dias de trabalho e para mil encontros com o inimigo.

E você, teme esse esforço? Se o faz, permita-me dizer duas coisas.

A primeira, que seu esforço valerá a pena, você será devidamente recompensado a seu tempo.

A segunda, é que, se te deixas angustiado, deves lembrar do que disse Sun Tzu:

> Por mais crítica que seja a situação e as circunstâncias em que te encontrares, não te desesperes. Nas ocasiões em que tudo inspira temor, nada deves temer. Quando estiveres cercado de todos os perigos, não deves temer nenhum. Quando estiveres sem nenhum recurso, deves contar com todos. Quando fores surpreendido, surpreende o inimigo.[16]

[16] L&PM, 122.

E Sun Tzu ainda disse:[17]

> Digo mais: não adies o momento do combate, nem esperes que tuas armas se enferrujem e o fio de tuas espadas se embote. A vitória é o principal objetivo da guerra.

Assim, não fique esperando seu conhecimento enferrujar. Vá estudar, fazer resumos, revisões e as provas. Use sua espada.

Há quem fique eternamente se preparando e se recuse a ir fazer concursos. Não adianta. Há também quem, depois de um insucesso, começa a fugir de novos confrontos e provas. Não é o melhor caminho. Você pode curtir alguns dias de "rescaldo", descansar um pouco (até como prêmio pelo combate que travou), mas precisa voltar ao estudo e à realização de provas o mais cedo possível. Em suma, não fique adiando o combate.

[17] L&PM, p. 28.

CAPÍTULO III

PREPARANDO O ATAQUE
(ou, A Espada Embainhada)

英

Coragem

Sun Tzu disse:[18]

"Na arte da guerra, a melhor opção é tomar o país inimigo intacto, esmagar um país é apenas a segunda melhor opção".

Wun Dzu disse:

"Na arte do concurso, a melhor opção é convencer o questionador da sua virtude, esmagar o representante do imperador não é a melhor opção".

William Douglas:

Sun Tzu não queria entregar ao príncipe terra devastada. Melhor, e mais rentável, entregar campos cultivados; melhor entregar um povo subjugado e dócil que uma montanha de cadáveres. Alexandre, o Grande, tratava com bondade os conquistados; Roma concedia sua prestigiosa cidadania à elite das nações conquistadas; um Presidente dos EUA propôs, sobre o Vietnã, primeiro conquistar "corações e mentes". É assim que funciona.

Da mesma forma, ofender, brigar ou se indispor física ou intelectualmente com o examinador é má política. Apenas um guerreiro menor age de tal modo. Wun Dzu chega a ser irônico: de que adianta matar o enviado do príncipe (examinador)?

---

[18] Jardim dos Livros, p. 41.

O que se quer não é o cargo? A Banca Examinadora não é quem aprova ou não o candidato? Logo, a relação como "inimigo" / banca deve ser cortês, educada, inteligente, sensata... De modo a fazer com que o inimigo entregue seus campos e cidades (notas e graus) de forma pacífica, devidamente "conquistado" por aquele que conhece suficientemente o "terreno".

Ainda sobre evitar destruição: como já disse, você deve se organizar para conseguir o cargo sem destruir sua saúde e seus relacionamentos.

Isso é possível e, a rigor, cuidar desses aspectos até mesmo favorece o esforço de estudo e dedicação. É uma postura mais saudável e inteligente.

Sun Tzu disse:

"A melhor inteligência militar é atacar as estratégias dos inimigos, em seguida atacar suas alianças, depois atacar seus soldados em seu próprio campo".

Wun Dzu disse:

"A melhor inteligência de um estudante é atacar as fortalezas dos inimigos, em seguida atacar suas alianças, depois atacar seus soldados em seu próprio campo".

William Douglas:

A fortaleza do "inimigo" é o programa do concurso. Se no Edital o "príncipe" (governo, administração) se obriga, criando "a lei interna do concurso", é no Programa das matérias que reside a "estratégia" de avaliação do examinador. Se você "ataca" esse ponto, terá todas as condições de vencer.

Quais são as alianças que os examinadores fazem? Os tipos de prova, as provas anteriores, os livros escritos pelos examinadores, as matérias que caem usualmente, as matérias em voga e as modificações legislativas recentes. É assim que, dentro de um programa obrigatório, o examinador faz suas "alianças" tentando surpreender o candidato e se tornar mais forte que ele. O candidato que aprende a antever isso, e a dominar o programa e a forma de o mesmo ser indagado, torna-se o futuro aprovado, pois é a este que o examinador, no fundo, busca. A intenção do examinador é eliminar o fraco e o despreparado, aquele que ainda não está pronto. Quando o concurseiro preparado se apresenta, o examinador se curva.

Como atacar o inimigo em seu próprio campo? Ora, indo fazer as provas!

Sun Tzu disse:

"Assim, há **cinco fatores que permitem prever qual lado sairá vencedor**:

1. aquele que sabe quando deve ou não lutar conquistará a vitória;
2. aquele que compreende como lidar com a superioridade e a inferioridade numérica na disposição das tropas conquistará a vitória;
3. aquele que possui superiores e subordinados unidos conquistará a vitória;
4. aquele que é prudente e põe em campo um exército completamente preparado contra um inimigo despreparado conquistará a vitória;
5. aquele que o comandante é hábil e cujos soberanos não interferem conquistará a vitória."

Curiosamente, Wun Dzu não comentou este item em seus manuscritos.

William Douglas acresce que:

1. O candidato deve saber quando fazer as provas ou não. O ideal é fazer muitos concursos, mas não deve se estressar com isso ou tentar concursos completamente diferentes pois não se dedicará corretamente a nenhum deles. É preciso **foco**.
2. Toda e qualquer superioridade nas condições de preparação ou intelectuais pode ser perdida pela arrogância, pelo desleixo ou falta de capricho. Toda e qualquer inferioridade nas condições de preparação ou de intelecto podem ser compensadas com folga pelo **esforço, dedicação e utilização das técnicas de estudo**.
3. Aquele que está equilibrado emocionalmente e obteve um mínimo de tranqüilidade nos estudos e na realização das provas conquistará o **estado de espírito** que permite obter total rendimento sobre o que foi estudado do programa.
4. Aquele que é **prudente** e **estuda a matéria toda do edital**, sem fugir de nenhuma, e revisando os pontos periodicamente, conquistará a **vitória**.
5. Aquele que é senhor de si mesmo, exerce a disciplina tolerante[19] e o **auto-domínio**, conquistará não só a vitória nos concursos mas em qualquer batalha.

Sun Tzu disse:

"Aquele que conhece o inimigo e a si mesmo, ainda que enfrente cem batalhas, jamais correrá perigo. Aquele que não conhece o inimigo, mas conhece a si mesmo, às vezes ganha, às vezes perde.

[19] "Disciplina tolerante" é a capacidade de saber a hora de exigir mais de si, e a hora de "dar um tempo". É imprimir a maior quantidade possível de disciplina e estudo sem que se "surte" ou desequilibre. É a flexibilidade, o ponto da razão entre a responsabilidade com o objetivo e a manutenção de sanidade mental, física, emocional e familiar. Envolve estudar muito mas saber, concomitantemente, se divertir um pouco, curtir a família, fazer exercícios físicos e assim por diante.

Aquele que não conhece nem o inimigo nem a si mesmo, está fadado ao fracasso e correrá perigo em todas as batalhas".

O texto é auto-explicativo. Apenas observe que é preciso conhecer a si mesmo, a matéria e, tanto quanto possível, o examinador.

Atualmente, muitos candidatos se angustiam para conhecer o examinador esquecendo-se que o essencial é conhecer a matéria. Conhecer o examinador é um "ajuste fino" nem sempre necessário: útil, porém não indispensável.

Nos concursos em que a banca é conhecida, cabe – depois da preparação básica – ler os livros e artigos dos examinadores. Se a banca não é conhecida, não há que se preocupar com isso.

Nos concursos de instituições conhecidas, como Cespe-UnB, Esaf, Fundação Carlos Chagas, NCE, Cesgranrio etc, a realização de provas anteriores da mesma instituição é o suficiente para que o candidato se acostume ao estilo da formulação de questões.

Se uma ou outra banca é irrazoável, com exigências destemperadas, todos lamentamos, mas a única saída é continuar estudando e fazendo as provas. Um dia, a banca muda ou você passa apesar dos eventuais absurdos, ou passa em outro concurso de alguma instituição mais competente para escolher seus examinadores.

Quem luta pelo aperfeiçoamento dos concursos deve se preocupar com bancas, programas, perguntas e exigências razoáveis. O candidato, porém, deve focar sua atenção e tempo no estudo do programa, e em treinar fazer provas.

Preocupe-se em fazer sua parte: **passar**, apesar das dificuldades normais do sistema. Apesar de tudo, os concursos são uma excelente oportunidade.

Passar em concurso depende de você amadurecer emocional e intelectualmente e ficar no jogo até ter sucesso.

No livro "A arte da guerra" (Editora Paz e Terra, p. 46) lê-se: *"O comandante Li Ching, de Wei, disse: O que mais se exige do general é a clara percepção, a harmonia de suas hostes, uma estratégia profunda amparada em planos de longo alcance, a compreensão das estações e a capacidade de examinar os fatores humanos. Pois o general que não consegue avaliar suas possibilidades, nem entender as artes do oportunismo e da maleabilidade, quando tem ocasião de arrostar o inimigo avança cheio de hesitações, olhando ansioso para a direita e para a esquerda, incapaz de conceber um plano de batalha. Crédulo, dá ouvidos a relatórios nada confiáveis, ora acreditando numa coisa ora em outra. Assustadiço como uma raposa ao avançar ou recuar, seus pelotões se dispersam. Qual a diferença entre isso e lançar pessoas inocentes à água fervente ou à fogueira? Não será o mesmo que apresentar bois e carneiros à sanha de lobos e tigres?"*

Sua situação é semelhante: tenha percepção dos custos e prêmios, busque harmonia pessoal (consciente, programação do inconciente, saúde etc.). **Tenha sua estratégia. Faça planos de longo prazo**: como digo em um de meus "mantras", "*se você tem um plano, vai acabar executando-o; se você não tem um plano, o executado é você*". Assim descobrirá as possibilidades (estudo, concursos etc.), aproveitará as oportunidades e será maleável (terá flexibilidade). Quem não faz isso se torna ansioso, e cheio de hesitações (por exemplo, indaga: "será que vou conseguir?" ou "quantas vagas existem?" e outras dúvidas que não ajudam em nada).

Sem planos e estratégia, o "general" inseguro dá ouvidos a boatos, a pessoas pessimistas. E se dispersa.

Acredite em mim, eu entendo um pouco sobre concursos: qualquer pessoa dedicada e persistente pode passar. É uma questão de vontade, planejamento, esforço e paciência. Você pode ser essa pessoa. **Faça o que tem que ser feito** e o tempo provará que estou falando a verdade.

CAPÍTULO IV

POSIÇÕES E TÁTICAS
(ou, Táticas)

協

Inteireza / Unidade

Sun Tzu disse:[20]

"Na antiguidade o perito em batalha se colocava fora da possibilidade de derrota, e esperava que o inimigo expusesse a sua vulnerabilidade. Garantir-nos de não ser derrotado está em nossas mãos, porém, a oportunidade de derrotar o inimigo é dada por ele mesmo".

Wun Dzu disse:

"Na antiguidade o perito em concursos se colocava fora da possibilidade de derrota, e esperava que o inimigo expusesse a sua vulnerabilidade. Garantir-nos de não ser derrotado está em nossas mãos, porém, a oportunidade de derrotar o inimigo é dada por ele mesmo".

William Douglas:

Ao formular o Edital e o Programa, o ente público e a banca expõem, de imediato e flagorosamente, toda sua vulnerabilidade. Se houve concursos e programas anteriores, a vulnerabilidade é ainda mais visível. Assim, garantir que não seremos derrotados depende apenas de nós mesmos, na medida em que estudamos suficiente e adequadamente o Programa.

Assim, o "inimigo" nos fornece a oportunidade de subjugá-lo. Coisa que, a bem da verdade, é o sonho de todo examinador (e digo isso como Examinador de vários concursos). No fundo, como

---

[20] Jardim dos Livros, p. 51.

qualquer bom espadachim, o examinador deseja encontrar um bom guerreiro, preparado e hábil, para esgrimar com ele e, como prêmio por seu valor, conceder-lhe as justas honrarias: pontos, aprovação, classificação, nomeação e posse.

Para garantir não ser derrotado, é preciso aprender a matéria e treiná-la de modo exaustivo.

Isso envolve, claro, **bons professores e livros/apostilas**, assim como, quando possível, **bons cursos preparatórios**. Envolve igualmente exercícios, resolução de questões, simulados e concursos reais a serem feitos nem que por esporte.

Para encontrar os melhores caminhos, a escolha deve ser feita pelos resultados já apresentados pelos livros, professores e cursos e, também importante, pela afeição e adaptação do estudante ao material, curso ou mestre.

Não se iluda o leitor pensando que o ensino acima assegura não sermos reprovados em prova alguma. Durante o período de preparação, devemos estudar o conteúdo e concomitantemente **treinar a realização de provas/simulados/concursos**. Assim, é natural que nesse processo de amadurecimento ocorram diversas "batalhas" onde a reprovação é, mais que natural, quase obrigatória.

O essencial é que o "**guerreiro completo**" tenha consciência desse processo e utilize cada oportunidade para aprender o conteúdo e como utiliza-lo em combate. Uma boa notícia é que somos *highlanders*: não morremos definitivamente, "ressuscitando" a cada novo certame.

Alguém pode indagar sobre a história de cortar a cabeça do *highlander* e ele morrer definitivamente. Isso também acontece em concursos: mas aqui apenas o próprio concurseiro pode se decapitar. Isso acontece quando ele desiste e não volta ao campo de batalha, ao curso, ao livro e às provas.

Como disse Wun Dzu, estejamos preparados para dez mil dias de estudo e para mil batalhas.

CAPÍTULO V

ESTRATÉGIA DO CONFRONTO DIRETO E INDIRETO
(ou, Energia)

和

Harmonia

Sun Tzu disse:

"Comandar muitos é o mesmo que comandar poucos. Tudo é uma questão de organização. Controlar muitos ou poucos é uma mesma e única coisa. É apenas uma questão de formação e sinalizações".[21]

Wun Dzu disse:

"Enfrentar muitos problemas é o mesmo que enfrentar poucos. Tudo é uma questão de preparação. Controlar muitos ou poucos problemas é uma mesma e única coisa. É apenas uma questão organização".

William Douglas:

Sun Tzu deixa claro que o problema não está no problema em si mas em quem lida com ele. Einstein já mencionou que o modo de formular uma questão é mais importante que a própria resposta.

Uma pessoa organizada enfrenta com êxito um número extraordinário de dificuldades enquanto outra, desorganizada, fracassa diante de poucos ou pequenos contratempos. O que define uma pessoa de sucesso não é a quantidade ou qualidade de seus problemas mas sua qualidade ao enfrentá-los e sua quantidade de esforço para superá-los.

---

[21] Jardim dos Livros, p. 59.

Mais que isso, diante dos problemas a serem vencidos, e da necessidade de resolver a própria vida, pode ser dito: “Não me diga o quanto a tempestade está difícil, apenas traga o navio de volta”.

Há horas em que precisamos colocar o navio no porto e é exatamente aí em que a organização, nossa formação moral e as sinalizações[22] vão ser preciosas.

Wun Dzu enfrentou, ao transliterar o texto, o problema da concorrência nos concursos.

O concursando que se preparou adequadamente não deve se preocupar com a concorrência, com número de vagas ou coisa semelhante. Ele terá seu lugar reservado.

O concursando que ainda não se preparou adequadamente deve temer apenas um inimigo: aquele que ele mira todas as manhãs, ao escovar os dentes. Enquanto esse inimigo não for subjugado, vencido e dominado, de nada adiantará se preocupar com outros concorrentes.

Depois de um preparo adequado, o máximo que pode acontecer é que em um concurso ou outro haja mais candidatos preparados do que vagas. O tal guerreiro não será chamado ou terá que aguardar o período de validade do concurso. Porém, que sua maior tranqüilidade seja a certeza de que os concursos se avolumam muito mais rapidamente do que novos guerreiros que se somam à fileira dos preparados.

Aos preparados, então, tudo é uma questão de tempo.

Eu, William Douglas, cito a preparação dando exemplos como a massa crítica da bola de neve, a montagem de um quebra-cabeças, o crescimento do bambu chinês e como se quebra pedras. Isto

---

[22] Tudo o que você fez até hoje “sinaliza” um destino para sua vida. Se você deseja mudar seu destino, precisa mudar a “sinalização”. Como diz o Evangelho, a gente colhe o que planta, e quem planta muito colhe muito. A sinalização passada é o que foi plantado. O futuro é escrito por aquilo que você plantar hoje.

também serve para o "prazo para a aprovação", onde valem ainda os "mantras" já mencionados. No livro *Carta aos concursandos*, escrito com o amigo Francisco Dirceu, mencionamos a teoria da "fila", criada originalmente por Fábio Gonçalves. No fundo, exemplos e professores discorrem uma mesma sabedoria: há um tempo necessário para a preparação e outro para a colheita. Somando-se ambos, basta dizer que "tudo tem seu tempo" e que "o tempo é senhor da razão".

Todos que fizerem a coisa certa pelo tempo certo serão vitoriosos. E "fazer a coisa certa" envolve várias vezes cair, errar, desanimar, retornar, pois esta batalha é de homens normais e não super-heróis. Somos apenas heróis, erramos. O que define nossa aprovação não é quantos erros cometemos mas quantas vezes nos reerguemos e vamos em busca da correção das falhas e do progresso intelectual e emocional.

Por fim, Wun Dzu menciona que ***"Controlar muitos ou poucos problemas é uma mesma e única coisa. É apenas uma questão organização"***. É verdade. Não se preocupe com quantos problemas tem a enfrentar mas em se organizar para fazê-lo.

Trabalho, família, filhos, separações e divórcios, doenças no candidato ou nos seus parentes, distância geográfica, problemas financeiros, idade, limitações intelectuais, os anseios naturais durante a pressão da preparação, insucessos nos primeiros concursos, insucessos que se repetem, injustiças em concursos, anulações de provas, demora na chamada de candidatos, taxas de inscrição abusivas... Não são problemas terríveis, são apenas problemas. O único problema terrível é a falta de organização e de firmeza e atitude.

Seja um candidato que se orienta não pelos problemas mas pelas soluções. Alguém que ao invés de falar "não posso porque..." se indague "como vou superar isso?".

Sun Tzu disse:

"Depois de uma primeira vantagem, não esmoreças nem dês à tuas tropas um repouso precipitado. Empunha a espada com a mesma rapidez de uma torrente que se precipita de um despenhadeiro. Que seu inimigo não tenha tempo sequer de perceber o que está acontecendo e somente recolher os louros da vitória quando o inimigo estiver aniquilado, dando-lhe assim, condição de fazê-lo com segurança e tranqüilidade."

Wun Dzu disse:

"Depois de uma reprovação, não esmoreças nem dês à ti mesmo um repouso precipitado. Empunha a espada com a mesma rapidez de uma torrente que se precipita de um despenhadeiro. Que teu desânimo e temores não tenham tempo sequer de se darem conta do que está ocorrendo. E só recolhe os louros da vitória quando a tua posse na função desejada te colocar em condição de viver com segurança, vagar e tranqüilidade."

William Douglas:

A paráfrase de Wun Dzu é auto-explicativa[23].

[23] Aplica-se também àqueles que foram aprovados e não chamados ou que estão com o seu concurso ou posse *sub judice*: que continuem a estudar e a fazer novos concursos. Apenas com a posse definitiva é que os louros da vitória devem ser firmados. Se estamos diante de um concurso-escada, a pessoa pode se premiar com algum descanso, mas não deve se acomodar e, no tempo que julgar adequado, retomar os estudos até que chegue ao cargo de seus sonhos.

CAPÍTULO VI

PONTOS FRACOS E PONTOS FORTES
(ou, do Cheio e do Vazio)

智

Sabedoria

Sun Tzu disse:[24]

"Um grande general não é arrastado ao combate, ao contrário, sabe impô-lo ao inimigo."

Wun Dzu disse:

"Um grande candidato não é arrastado para o estudo e nem para as provas, ao contrário, sabe impor a si mesmo as tarefas para realizar seus planos."

William Douglas:

Todos os estrategistas militares, de Sun Tzu a Alexandre, de Musashi a Moshe Dayan, de Josué a Clausewitz, sabem que o bom comandante toma a iniciativa e escolhe a hora e o local do combate. O bom general não teme a guerra, mas escolhe a forma de conduzi-la.

Um candidato não pode temer a prova, nem achar que dela sairá derrotado. Jigoro Kano, criador do Judô, afirmava que "aquele que teme perder já está vencido".

Assim, cabe ao concursando desejar a batalha e se alegrar quando a prova se aproxima. Não deve ser arrastado para o concurso levado por medos, obrigações ou pressões financeiras nem familiares. É dele a decisão de combater e com garbo irá fazê-lo. Jubiloso, e não pusilânime, deve marchar em direção ao local do combate. Se perder, preparar-se-á melhor para o próximo; se vencer, receberá desde já sua merecida glória.

[24] Jardim dos Livros, p. 68.

Existe uma medalha militar que premia a "coragem sob fogo", ou seja, a disposição de combater mesmo debaixo de tiros, explosões, riscos etc. Qualquer um tem "coragem" na calmaria e facilidade. Apenas os melhores possuem coragem "sob fogo".

Não sei quais são os "tiros" e "explosões" pelos quais você está passando, mas estou certo que pode e até deve enfrentar as dificuldades, ter "coragem". Ainda que sob fogo.

Wun Dzu se refere ao príncipe ou ao seu alto funcionário pois, dependendo do cargo, era o próprio governante que entrevistava o candidato (como, por sinal, ocorreu com Sun Tzu).

Sun Tzu disse:

"Uma das tarefas essenciais que deves realizar antes do combate é escolher criteriosamente o terreno do campo de batalha."[25]

Wun Dzu disse:

"Uma das tarefas essenciais que deves realizar antes do concurso em si é escolher criteriosamente o cargo e as matérias exigidas nas provas."

William Douglas:

Escolha bem quais concursos pretende prestar.

Não tente abraçar o mundo: escolha um foco, um conjunto de matérias (o "terreno") onde poderá progredir com segurança. Aí então você terá condições de estudar e vencer. Se necessário, utilize o "concurso-escada", mas evite abrir demais o leque de matérias a serem estudadas. Mesmo dentro de um foco sempre existe uma boa quantidade de concursos e oportunidades diferentes, mas dentro de um mesmo conjunto de matérias.

---

[25] L&PM, p. 56.

Sun Tzu disse:

"Para conseguir que a força de seu exército seja semelhante à de uma pedra de moinho chocando-se contra um ovo, utilize a ciência dos pontos fracos e pontos fortes".

Wun Dzu disse:

"Para conseguir que a força de seu guerreiro completo[26] seja semelhante à de uma pedra de moinho chocando-se contra um ovo, utilize a ciência dos pontos fracos e pontos fortes".

William Douglas:

Existem dois grandes ensinamentos aqui: o primeiro, é tornar-se maior e mais forte que os obstáculos que se colocam a sua frente. Aliás, já foi dito que "**obstáculos são aquelas coisas assustadoras que você vê quando deixa de focalizar suas metas**".

O segundo ensinamento é avaliar seus pontos fracos e fortes de forma a minorar os primeiros e extrair o maior resultado possível do que lhe é favorável.

Quando Wun Dzu se refere à "força do guerreiro completo" é certo que menciona um estágio de evolução que surge depois de determinado período de esforço daquele que se harmonizou e segue o Caminho (o primeiro fator da vitória).

Quem deseja uma análise profunda da avaliação de pontos fracos e fortes deve se reportar ao livro *Como passar em provas e concursos*[27], onde analiso a organização e o planejamento, citando

---

[26] O guerreiro completo é o próprio candidato, que é uno em sua decisão: vontade, consciente e inconsciente, mente e corpo, tudo está completamente dedicado ao sucesso no concurso. Essa dedicação, contudo, envolve um equilíbrio adequado entre estudo e lazer, entre as tarefas da vida e as do estudo e, por fim, entre estudo teórico e "prática de provas" (o que hoje seria representado pelas questões, exercícios, simulados e os próprios concursos).

[27] A versão integral, com DVD, é a ideal para concursos jurídicos e de nível superior. A versão resumida, chamada de *Guia de Aprovação em Concursos* é indicada para revisão rápida e para concursos de nível médio. Os temas citados estão nos dois livros, ainda que com abordagens diferentes.

as atitudes básicas e o "inventário". Ali, o interessado encontrará todas as dicas para lidar bem com seus pontos fracos e fortes.

Atitudes básicas: motivação (inicial e durante os reveses), compromisso (com o resultado), autodisciplina (auto-domínio, um fruto do Espírito), organização, acuidade (prestar atenção às coisas), flexibilidade (capacidade de se adaptar) e consciência do projeto (custo x benefício do projeto em si e de cada uma de suas partes). Podemos somar a elas a alegria e um pouco de leveza[28]. Como dizia Wilde, "a vida é importante demais para ser levada a sério". Se você não tirar um pouco a pressão, fica mais difícil.

Inventário: pessoal (inibidores e deflagadores de desempenho) e circunstancial (dificuldades e facilidades). Diz respeito a uma avaliação serena e profunda do estado pessoal e das circunstâncias que afetam a preparação, de forma a melhorar seu desempenho ponto por ponto.

Sun Tzu disse:

"Na arte militar, cada operação particular tem partes que exigem a luz do dia, e outras que pedem as trevas do segredo. Não posso determiná-las de antemão. Só as circunstâncias podem ditá-las."[29]

William Douglas:

Há regras gerais e regras que funcionam para todos, mas nunca será possível prever todas as respostas. As circunstâncias e a vida

---

[28] Musashi, em *O livro dos 5 anéis*, menciona o caminho para aqueles que desejam aprender sua estratégia: 1. Não pensar desonestamente; 2. O Caminho está no treinamento; 3. Familiarize-se com todas as artes; 4. Conheça os caminhos de todas as profissões; 5. Distinga entre ganho e perda nas questões mundanas; 6. Desenvolva julgamento intuitivo e compreensão de todas as coisas; 7. Note aquelas coisas que não podem ser vistas; 8. Preste atenção a tudo, mesmo aparentes baboseiras; 9. Não faça nada que não tenha utilidade (*op. cit.*, p. 58).

[29] L&PM, p. 52.

engendram novidades de forma exuberante. Assim, apenas o amadurecimento trará algumas respostas para os candidatos. Em muitos casos, apenas a experimentação e a individualização poderão responder qual o melhor caminho a seguir, pesados sob o crivo da **relação custo x benefício**.

Se algo nos tranqüiliza, é o fato de que podemos errar, sim, mas que o tempo trará todas as oportunidades de renovação, aprendizado e crescimento que precisamos.

O capítulo VI é intitulado em algumas traduções como "Do cheio e do vazio". Isso traz à memória a idéia do Tao, do Yin e do Yang, o princípio do vácuo e o princípio cristão de "esvaziar-se de si mesmo" (Filipenses 2:7). Tudo isso remete à idéia, preciosa nos concursos, de a pessoa conseguir abrir mão temporariamente de prazeres menores em prol de obter, no futuro, prazeres maiores. Indo além, de abrir mão parcialmente de prazeres e necessidades agora para atender a esses mesmos prazeres e necessidades, no futuro, de forma mais sobeja.

Para ter sucesso em concursos é preciso um mínimo de objetividade, foco e simplicidade. É preciso fazer escolhas e sacrifícios. Nesse passo, Sun Tzu disse:[30]

> "Não procures ter um exército numeroso demais. Amiúde, a excessiva quantidade de gente é mais nociva do que útil. Um pequeno exército bem disciplinado é invencível, sob o comando de um bom general."

Se queres passar em concursos, ou obter qualquer outra forma de vitória, tenha coragem de se diminuir assim como o pássaro abaixa sua cabeça antes de levantar vôo. Seja menor, e cresça. Tenha um exército pequeno, mas disciplinado. Poucos objetivos, poucas tarefas, apenas as que bastem para sobreviver e estudar.

---

[30] L&PM, p. 63.

Quantos poderiam ter passado se pudessem ser menos famosos, menos viajados, menos presentes em festas e baladas!

Depois, quando tiveres conquistado os vastos campos de centeio e conhecido as montanhas mais altas do mundo, então serás grande. Nessa ocasião, recorda-te das lições da iluminação:

> Antes que eu penetrasse na sabedoria, as montanhas e os rios nada mais eram senão montanhas e rios. Quando aderi à jornada pela sabedoria, as montanhas não eram mais montanhas, nem os rios eram rios. Mas, quando alcancei a sabedoria, as montanhas eram só montanhas e os rios, apenas rios.

Depois da aprovação, festas serão novamente festas, e baladas, baladas. Para os que assim desejarem. Para outros, serão noites bem dormidas, passeios com a família, viagens.

CAPÍTULO VII

DA ARTE DO CONFRONTO
(ou, Manobras)

忍

Paciência

Sun Tzu disse:

"Quando cercar o inimigo, deixe uma saída para ele, caso contrário, ele lutará até a morte".[31]

Wun Dzu disse:

"Quando encontrar o príncipe ou seu alto funcionário, deixe uma saída para ele, caso contrário, ele te reprovará".

William Douglas:

Quando era um garoto, tentava todos os dias pegar um filhote de gato que andava pelos fundos de minha casa. Ela tinha dois andares e a escada era lá atrás. Era uma escada em espiral murada pelos dois lados. Um dia, o gatinho fugiu subindo a escada. Sorri, malvado e vitorioso: a porta estava fechada e dessa vez o bichano não me escaparia.

Fui, vitorioso mesmo, subindo as escadas gloriosamente até que fui atacado por um leão enorme. Que susto! Aquele gatinho, sem alternativas, nada pode fazer senão enfrentar aquele humano perigoso e petulante. Encurralado[32], somou todas suas forças e me atacou sem medo. Venceu.

---

[31] Jardim dos Livros, p. 78.

[32] Bem de ver que a prática tem mostrado vários candidatos que, por não terem para onde "correr", se esforçam devidamente para passar nos concursos. Paradoxalmente, alguns candidatos mais aquinhoados pela sorte ou pelo destino se acomodam. Às vezes, não ter para onde ir ajuda. Às vezes, ter recursos melhores acomoda. Qual é o seu caso?

Salvo quando a superioridade de forças é imensa, não se recomenda deixar o inimigo sem saída. Isso serve para tudo, em qualquer empresa, escola ou atividade. Sun Tzu conhecia essa realidade.

Nos concursos, e isso Wun Dzu observa, temos que deixar uma saída para o examinador. Qual?

Responder corretamente e de modo claro e legível. Se fizermos isso, ele se comportará como queremos.

Há concursandos que se recusam a dar a saída ao examinador, querendo que ele – e não nós – nos amoldemos. Há concursandos que, em provas discursivas, enfrentam o examinador acusando-o até por mal formular as questões, ou não responde as questões de forma abrangente e direta. Ora, a prova é um combate onde o examinador tem mais força que nós, pois ele é, quem, afinal, concede a nota. Assim, manda a sabedoria e a tática militar que nos conduzamos com firmeza e pulso, mas dando ao oponente a devida atenção e saídas.

"Um inimigo leal é semelhante a um amigo". A maior parte dos examinadores são "inimigos" leais. Basta dar saída para eles, basta lhes dar a oportunidade de lhe aprovarem.

Sun Tzu disse:

"Na guerra, o general que recebe suas ordens do soberano, deve concentrar suas forças e transformar seu exército em um conjunto harmonioso, mobilizando o povo. Depois, instalar as tropas em lugar vantajoso".

Wun Dzu disse:

"Nos estudos, o guerreiro completo deve concentrar suas forças e transformar seu exército em um conjunto harmonioso, mobilizando cada centímetro de seu Eu Interior. Depois, instalará as tropas em lugar vantajoso."

William Douglas:

O mais hábil de todos os espadachins do conhecimento é aquele que obtém uma boa harmonia interior, sabendo das dificuldades e como enfrentá-las. É aquele que tem paciência, perseverança e disposição para pagar o justo preço por sua aprovação.

O mais hábil dos samurais-concurseiros é aquele que equilibra o estudo com o descanso, os livros com a convivência com quem ama. É aquele que evita a angústia e as crises de estresse.

Quem isto fizer instalará a si mesmo em um lugar vantajoso: o serviço público.

Vantagens que repercutirão não só em si mesmo (o príncipe, general e tropas – mente e corpo) mas também em seus familiares e amigos. Pesquisas mostram o efeito positivo de um vencedor nos seus circunstantes, o que inclui não só a família mas também o bairro e a cidade. O sucesso de um repercute não só financeiramente, mas também em projeção e poder social, em auto-estima de todo o grupo.

Quando uma pessoa negra alcança sucesso, ela informa a todos, de todas as raças, que havendo oportunidades não é a cor da pele que dita o sucesso. Como dizia Che Guevara, outro guerreiro fantástico, "o mais importante não é a cor da pele mas o brilho nos olhos". Cito a questão da cor por ser militante do Educafro, pré-vestibular para negros e carentes que tem mostrado sua cara e sua cor, com competência e resultados excelentes.

Quando você vence, toda a Humanidade vence junto com você.

Quando você não realiza todo o seu potencial, você diminui o tamanho do mundo.

O Talmude diz que quem salva uma vida salva toda a Humanidade. Eu espero que você salve a sua e depois, como ensinava Jesus, que "ame ao próximo como a si mesmo".

Jesus Cristo é outro fantástico guerreiro: divino, nobre e revolucionário. Assim como Gandhi e Martin Luther King Jr, ganhava guerras através da genial estratégia da não-violência, do amor, do silêncio e da gentileza. Fantástico. Não que Malcolm X não tenha seu valor, ele era outro grande sujeito.

Malcolm X nos ensina uma forma de determinação: "respeite-me ou eu vou fazer você me respeitar!". Um concursando precisa disso. Jesus, Gandhi e Martin Luther King Jr. nos ensinam outras formas de determinação, também importantes: a ser prudentes como as serpentes, simples como as pombas, a ser a mudança que queremos ver no mundo e a ter um sonho.

James Clavell, autor de *Shogum* e *Casa Nobre*, cita uma história interessante:[33] "Tu Mu conta uma história relacionada com Wu Ch'i, na época em que ele lutava contra o Estado de Ch'in, aproximadamente no ano 200 a.C. Antes que a batalha começasse, um de seus soldados, um homem de audácia inigualável, atacou repentinamente, sem ordem, voltando com duas cabeças inimigas. Wu Ch'i mandou imediatamente executar o homem, ao que um oficial ousou protestar, dizendo: 'Este homem era um bom soldado e não merecia ser decapitado'. Wu Ch'i respondeu:' Acredito realmente em que ele era um bom soldado, porém, mandei decapitá-lo porque agiu sem ordens'."

A história vale para aqueles candidatos desatentos, ou que se julgam bons soldados, e que não lêem ou desconsideram as orientações aos candidatos, tanto no Edital quanto no Caderno de Questões. Esse erro é mais comum do que as pessoas supõem.

---

[33] Record, p. 47.

Eu, William, como examinador, várias vezes tive ocasião de conceder 20 linhas para resposta e alguns candidatos (talvez bons, como aquele soldado) foram incapazes de cumprir o limite. Provavelmente não obedeceriam os limites disciplinares caso tivessem sido aprovados.

Talvez você, leitor, não esteja concordando com o meu rigor. Mas como diria Wu Ch'i, acredito realmente em que eles eram bons candidatos, porém, mandei decapitá-los porque agiram fora das orientações dadas. Não cometa o mesmo erro.

Quem deseja lutar Kendô (esgrima, o Caminho da Espada), é ensinado a subjugar seu ego, "**a aceitar a dor da prática feroz e a cultivar a mente plácida diante do perigo**" (*Livro dos 5 Anéis*, p. 20).

Assim como aprende o samurai e se exige do guerreiro Zen, é preciso a "**ausência de ira**. Tratar o inimigo como um convidado de honra. Significa também abandonar a própria vida ou eliminar o medo" (ob. cit., p. 21).

A Iluminação, no Zen, "não significa uma mudança de comportamento, mas sim uma percepção da natureza da vida comum". Igualmente, em concursos, é preciso perceber a natureza da atividade dos examinadores e estabelecer uma relação mental saudável com eles. Como examinador e especialista em concursos, cotidianamente vejo bons candidatos fracassarem em provas por sua incapacidade de lidar com professores e bancas.

Na verdade, a relação do candidato com a autoridade, seja familiar (pai, mãe, ancestrais) ou religiosa, repercute na forma de lidar com mestres e bancas, podendo ser um fator de insucesso. Os cursos preparatórios estão cheios de alunos que desperdiçam energia competindo com os professores, ou livros, em lugar de apreender o conhecimento que poderiam.

Desenvolva uma "mente plácida" e lute contra os "inimigos" certos. Agindo assim, você terá sucesso em provas e concursos.

Ainda sobre a "arte do confronto", é útil recordar que insucessos, injustiças, derrotas e atrasos fazem parte do sistema. É muito raro alguém que foi aprovado sem ter passado por situações incômodas.

Por isso, já comece – ou continue – essa "marcha" sabendo que estes problemas ocorrerão e que eles não podem lhe derrubar.

Eles "fazem parte", apenas.

Ou como se diria no filme "300", "This is Sparta".

CAPÍTULO VIII

VARIAÇÃO DE TÁTICAS
(ou, A Arte das Mudanças, ou, Eventualidade)

Energia

Sun Tzu disse:

"Uma vez dada pelo soberano a ordem de mobilizar a população para a guerra, cabe ao comandante reunir o exército e organizar as tropas".[34]

Wun Dzu disse:

"Uma vez decidido que se fará um concurso, cabe a você reunir o exército e organizar as tropas".

William Douglas:

Leve quanto tempo quiser até decidir passar, mas, uma vez tomada a decisão, faça as coisas direito. Reúna-se consigo (rei, general, soldados), planeje, organize-se, estude, faça provas e vença!

Não tema o erro, mas sua repetição.

Não tema a derrota, mas a desistência.

Não tema nada, senão a si mesmo.

Sun Tzu disse:

"Um general que perde facilmente o controle e se deixa levar pela cólera, será ludibriado pelo inimigo através de provocações e cairá em emboscadas sem perceber."[35]

---

[34] Jardim dos Livros, p. 87.

[35] No final desse capítulo ainda falaremos mais sobre esse tema.

Wun Dzu disse:

"Um guerreiro que perde facilmente o controle e se deixa levar pela cólera, será ludibriado pelas tormentas através de provocações e cairá em emboscadas sem perceber."

William Douglas:

Um bom guerreiro tem auto-controle e não se deixa levar pelos sentimentos mais baixos. Martinho Lutero[36] dizia: "não posso evitar que um pássaro passe sobre minha cabeça mas posso evitar que faça ninho nela". Você pode ter momentos ou pensamentos ruins, só não pode deixar que eles assumam o controle.

Candidatos que se dedicam à comparações com terceiros, inveja, reclamações, à obtenção de culpados, a ficar discutindo fraudes em concursos ou erros de bancas ou professores, que ficam com rancor ou mágoa etc... são candidatos que serão alcançados por tormentas e estão já envolvidos em emboscadas emocionais.

E nenhum combatente deve se deixar cair em emboscadas.

Outros tipos de provocações, a serem evitadas pelo guerreiro concursândico:

a) as comparações de desempenho com terceiros ao invés de consigo mesmo;
b) as falas e olhares de parentes e amigos que duvidam de sua capacidade de ter sucesso;

---

[36] Outro tipo de guerreiro, mas também um bravo. Opôs-se à mercancia da religião e da fé, à venda de "lotes no céu" ou no perdão que não derivava da graça. Iniciou a reforma protestante. Lamentavelmente, hoje vemos em nosso país grupos oriundos da reforma protestante que praticamente voltaram a vender as indulgências. Não importa se católicos ou protestantes, se judeus ou muçulmanos, o fato é que em todos os grupos religiosos encontramos pessoas sinceras, pessoas mal informadas e exploradores. Já que o assunto é fé, falemos de outro guerreiro espetacular: Saladino, muçulmano valoroso que retomou Jerusalém dos Cruzados. Ao vencer, determinou que nenhuma igreja ou sinagoga fosse vilipendiada, seguindo os princípios pacíficos do islamismo. Saladino, um exemplo para generais e religiosos.

c) as intervenções de pessoas que falam mal de sua decisão de passar em concursos.

Não caia em emboscadas e em provocações. Gaste sua energia em organizar seu exército. Para organizar seu exército, **dez cuidados**[37] serão necessários:

1. Ter um objetivo.
2. Saber se o objetivo "concurso", é o objetivo final ou apenas uma passagem para outro concurso (concurso-escada) ou para outra atividade (concomitante ou subseqüente[38]).
3. Preparar o caminho (avaliar e administrar suas forças e fraquezas, facilidades e dificuldades).
4. Aprender a utilizar seus aliados.
5. Planejar e organizar o seu tempo.
6. Compreender que o estudo é uma atividade dinâmica e criativa.
7. Conhecer e utilizar as técnicas de estudo.
8. Conhecer e utilizar as técnicas de realização de provas.
9. Preparar o ambiente (interno, a própria pessoa; e externo, local de estudo etc.).
10. Exercitar-se até que esteja hábil o suficiente para ser aprovado.

Se você acha complicado seguir esse roteiro, asseguro que passar em concursos sem isso é muito mais complicado ainda.

Este capítulo fala de mudanças. Muitos desejam se tornar grandes "samurais" em poucos dias, o que não é consentâneo

---

[37] Conteúdo do Capítulo 10 do livro *Como Passar em Provas e Concursos*, item 5. No *Como passar*, cito 7 pontos, mas aqui coloquei outros 3, incluindo temas que são abordados naquela obra a partir do Capítulo 10.

[38] Há pessoas que passam no concurso para se sustentarem e terem estabilidade, mas seu maior prazer está em outras atividades, que desenvolvem paralelamente com o trabalho no governo. Há pessoas que utilizam o concurso apenas para se bancarem enquanto preparam novos vôos, e depois pedem exoneração. Também é comum pessoas adquirirem grande conhecimento em alguma área onde atuem e, depois, optarem pela saída de seus cargos públicos para prestarem consultoria, o que também é uma opção digna e válida. Só existe problema quando a pessoa se vale do cargo para obter vantagens ilícitas.

com a forma como as coisas acontecem. A grande sabedoria está em compreender que as mudanças devem ser pequenas e constantes, progressivas, contínuas e perenizadas. É melhor quem evolui pouco e mantém do que aquele que aprende muito e nada pratica; melhor quem aprende pouco a cada dia do que aquele que aprende muito uma única vez e então se imobiliza.

Veja o que disse Sun Tzu: "*Não desprezes nenhuma pequena vantagem que puderes obter de forma segura e sem nenhuma perda. Essas pequenas vantagens, quando negligenciadas, geram prejuízos irreparáveis*"[39]. Logo, valha-se de pequenos ganhos, pequenos aprendizados, pequenas melhorias, e um dia você será um guerreiro completo e integralmente hábil.

Sun Tzu disse:

"Há cinco defeitos perigosos que podem afetar um general, são erros que podem derrotar a prudência e a bravura de um comandante:

1. Se ele tiver um temerário descaso pela vida; um general que se expõe sem necessidade, que parece buscar os perigos da morte, é um homem precipitado.
2. Se ele tiver um cuidado excessivo em conservar a própria vida e por esse motivo não ousa e sim dá mostras de covardia, poderá ser facilmente capturado.
3. Se tiver temperamento volúvel; um general que perde facilmente o controle e se deixa levar pela cólera, será ludibriado pelo inimigo através de provocações e cairá em emboscadas sem perceber.
4. Se for suscetível à honra, um general não deve se ofender de forma intempestiva. Por querer reparar a honra por qualquer insulto poderá perdê-la.

[39] L&PM, p. 80.

5. Se conservar uma compaixão excessiva por seus soldados. Um general deve punir seus soldados com severidade quando necessário, ministrar castigo e trabalho com discernimento, ou poderá ser facilmente desrespeitado".

William Douglas:

I. O primeiro perigo é a "coragem excessiva" ou o "temerário descaso" para com as responsabilidades. Aqui, os erros são: menosprezar as dificuldades; querer parecer inteligente e preparado nas aulas dos cursos preparatórios ao invés de nas provas reais; desrespeitar os limites emocionais ou físicos a que todos estamos sujeitos; ser precipitado e açodado na busca de resultados palpáveis; ser incapaz de encontrar recursos emocionais e técnicos para safar-se de um mau momento; incapacidade de sofrer reprovações ou atrasos nos projetos sem se frustrar, acreditando que tudo está perdido; ser incapaz de se adaptar caso algo não saia exatamente como planejado.

II. O segundo perigo é o "cuidado excessivo" ou exorbitante, com seu prazer imediato. Incapacidade de abrir mão de prazeres excessivos, querendo conservar no momento presente toda sua "vida". Não acreditar que "não há almoços gratuitos", o que não deixa de ser uma forma de covardia. Para aprofundar esse ponto, ver meus artigos "chocolate e concurso público" e "casa em construção", disponíveis gratuitamente no meu *site*.

III. O terceiro perigo é ser volúvel. É um candidato que não sabe se controlar, que não tem império sobre si mesmo, e se deixa arrebatar pela preguiça, ira ou pela cólera, será ludibriado pelos inimigos. Quando se quer realizar qualquer projeto, é preciso persistência: grandes feitos não são para pessoas volúveis. É da vida haver provocações e ironias de pessoas que tentam minar o seu projeto de estudo por despeito ou medo de você se tornar melhor ou independente). O Marechal Lott, brasileiro de valor, falaria que, quando em marcha, "um soldado não olha para os lados".[40] Jesus diria para lançar mão do arado e não olhar para trás.[41]

IV. O quarto perigo é a excessiva suscetibilidade. Pessoas que se desanimam, ofendem ou desistem facilmente não são guerreiros para batalhas demoradas. Morrem cedo.
Não se ofenda nem seja suscetível a reprovações seguidas, injustiças, anulações de provas, demoras para ser chamado ou para abrirem de novo o concurso de seus sonhos. Tudo isso faz parte do jogo.

V. O quinto perigo é a complacência ou a compaixão desmedida em relação aos soldados. Um candidato que não ousa se disciplinar, que fecha os olhos para sua desordem, que teme o peso do trabalho, não ousando, por essa razão, impor-se novas tarefas, é um "general" fadado ao fracasso.

---

[40] "O mistério Lott parecia ter um destino a cumprir desde o princípio: ser soldado, e ser apenas soldado, absolutamente um soldado. Isso ficara muito claro um dia antes dele completar 11 anos de idade, quando se comemorava o aniversário da Proclamação da República no Colégio Militar do Rio de Janeiro. Na parada de 1905, os pais acompanhavam o desfile dos estudantes esperando um gesto de atenção. O filho marchava concentrado e seus pais não receberam sequer um leve olhar dele. Ao final da parada, depois do "fora de forma", o menino Henrique encontrou-se com os pais que perguntaram se ele não os tinha visto. O filho olhou para eles e explicou: 'Eu os vi, mas um soldado não olha para os lados...'" (*O soldado absoluto*, p. 495)

[41] Lucas 9:62.

CAPÍTULO IX

O EXÉRCITO EM MOVIMENTO
(ou, Exército em Marcha,
ou, Da Importância da Geografia)

健

Vigor

Sun Tzu disse:

"(...) as tropas devem ser comparadas à água corrente. Da mesma forma que a água que corre evita as alturas e se precipita nas planícies, assim um exército evita a força e ataca a fraqueza." / "Ao longo de seu curso, a água molda-se ao terreno onde corre."[42]

Wun Dzu disse:

"(...) o candidato deve ser comparado à água corrente. Da mesma forma que ela, ele deve contornar as dificuldades e se valer daquilo que o ampara, assim como um exército evita a força e ataca a fraqueza." / "Ao longo do estudo, o candidato deve aprender a lidar com tudo."

William Douglas:

Ao colocar seu exército em movimento, aprenda a ser sereno e a desviar das colina cheias de escarpas e problemas e a conseguir buscar seus objetivos criando para si mesmo planícies e vales.

Sobre o **exército em marcha**, e voltando a falar sobre o confronto com os problemas que fazem parte da vida e do "sistema concursos", permitam-me citar obra com outro foco, mas de aplicabilidade perfeita aqui:

---

[42] L&PM, p. 64-65.

"O segredo do sucesso não é tentar evitar os problemas nem se esquivar ou se livrar deles, mas crescer pessoalmente para se tornar maior do que qualquer adversidade.

Numa escala de um a dez, imagine-se uma pessoa dotada de força de caráter e determinação de nível dois enfrentando um problema nível cinco. Essa dificuldade lhe parece grande ou pequena? Olhando do nível dois, um obstáculo do nível cinco há de parecer um grande problema.

Agora, imagine que você se aprimorou e a sua força de caráter atingiu o nível oito. Esse mesmo problema de nível cinco se mostra grande ou pequeno aos seus olhos? Como num passe de mágica, ele se transformou num probleminha.

Para terminar, suponha que você deu um duro danado consigo mesmo e tornou-se uma pessoa com força de caráter de nível dez. O mesmo obstáculo de nível cinco é agora um grande ou um pequeno problema? A resposta é: ele simplesmente não é mais um problema. O seu cérebro nem sequer o registra como tal e tampouco esse entrave produz qualquer energia negativa – ele é apenas uma ocorrência normal do seu dia-a-dia, como escovar os dentes e se vestir.

Observe que, independentemente de você ser rico ou pobre, de pensar grande ou pequeno, as adversidades não deixam de existir. Enquanto você respirar, sempre estará diante dos chamados problemas e obstáculos da vida. Para encurtar a conversa: o tamanho do problema nunca é a questão principal – o que importa é o seu próprio tamanho.

Isso pode doer, mas, se você está pronto para passar ao nível seguinte de sucesso, vai ter que se conscientizar do que de fato acontece na sua vida. Preparado? Então lá vai.

Se você tem um grande problema, isso quer dizer apenas que está sendo uma pessoa pequena. Não se deixe enganar pelas aparências. O seu mundo exterior é um simples reflexo do seu mundo interior. Caso queira fazer uma mudança permanente, redirecione o foco: do tamanho dos seus problemas para o tamanho da sua pessoa." (T. Harv Eker: 2006, p. 102. Ed. Sextante).

Essa brilhante comparação entre o tamanho da pessoa e o tamanho dos problemas, com a sugestão de nos tornamos maiores que as dificuldades, tem larga aplicação. Poderia ser citada na parte de Táticas, na de Confronto Direto e Indireto, nos Pontos Fracos e Pontos Fortes etc. Não importa onde os problemas se apresentem: transforme-se e fique maior do que eles!

Ser como a água.

Brilhante, Sun Tzu mostra a importância da flexibilidade e da adaptação se valendo da fluidez da água.

É preciso ser como a água, procurando as alternativas em direção ao oceano. A fluidez é útil para lidar com a família, com o trabalho, o estudo, as dificuldades etc.

Fluidez, flexibilidade e adaptação.

O manual *Warfighting* do Corpo de Fuzileiros Navais dos Estados Unidos[43] afirma, na linha do que Sun Tzu pregava:

"*Como atrito e incerteza, a fluidez é atributo inerente da guerra. Cada episódio da guerra é o resultado temporário de uma combinação singular de circunstâncias, apresentando uma série singular de problemas e exigindo uma solução original. Não obstante, nenhum episódio pode ser visto isoladamente.*

Em vez disso, cada episódio se funde com os que o precedem e o seguem – modelado pelos primeiros e modelando as condições dos segundos – criando um fluxo contínuo e flutuante de atividade, repleto de oportunidades fugidias e eventos imprevistos. Como a guerra é um fenômeno fluido, sua condução exige flexibilidade de pensamento. O sucesso depende em grande parte da capacidade

---

43 A Arte da Guerra: Uma Nova Interpretação (Campus/Elsevier, 2001, p. 139).

de se adaptar – modelar antecipadamente eventos mutáveis, em vantagem própria, bem como reagir rapidamente a condições em constante mudança."

A vida pode ser vista como uma guerra, e os concursos também. Embora me desagrade a visão belicista, também vale o brocardo "se vis pacem, para bellum" (se queres a paz, prepara-te para a guerra). Até o dia em que o leão sentar-se ao lado do cordeiro, e que as crianças não aprendam mais a guerrear por não ser mais preciso, contudo, as noções militares são lamentavelmente necessárias para a vida. E para os concursos.

Repare neste texto, Sun Tzu e o Manual de Guerra dos Fuzileiros Navais dos EUA ensinam:

1. É preciso flexibilidade. É preciso saber que é normal ocorrerem mudanças imprevisíveis.
2. Nada está isolado: o passado influencia o presente e o presente o futuro.
3. A condução de qualquer guerra exige flexibilidade de pensamento.
4. O sucesso depende em grande parte da capacidade de adaptação.
5. O sucesso depende da capacidade de se moldar os eventos mutáveis em vantagem própria.

Lidar com os eventos imutáveis, que chamo de "o imponderável", exige resignação e temperança, e, como sempre, a capacidade de adaptação. Você está em uma boa guerra: aprenda a se adaptar e a vencer[44].

[44] Esses temas e técnicas são abordados no meu livro *Como Passar em Provas e Concursos*, com detalhes. Recomendo sua leitura ou, ao menos, a de seu resumo, o *Guia de Aprovação em Concursos*, pois trazem técnicas específicas que não são o objeto dos presentes comentários. Este comentário a Sun Tzu é um livro autônomo, mas para aqueles que assim desejarem, haverá uma boa complementação de técnicas, dicas e macetes nos livros citados.

CAPÍTULO X

TERRENO
(ou, Topografia)

恩

Graça

Sun Tzu disse:[45]

"A superfície da Terra apresenta uma infinidade de lugares, deves fugir de alguns e buscar outros. Todavia, deves conhecer bem todos eles."

Wun Dzu disse:

"A superfície do Estado apresenta uma variedade infinita de cargos e funções. Deves fugir de uns e buscar outros. Todavia, deves avaliar os terrenos antes de escolher e, ao escolher, conhecer com perfeição o terreno eleito."

William Douglas:

Se o general precisa conhecer a topografia, o candidato deve conhecer a estrutura do Estado e quais os cargos oferecidos.

Assim como hoje, na China existiam as mais variadas funções no governo. Uma infinidade de cargos. O candidato deveria avaliar qual mais lhe agrada e, então, passar a estudar para a prova respectiva. Depois de escolhido o cargo, aí sim, deve conhecer com perfeição e profundidade a matéria para ele exigida.

Tentar fazer concurso para farmacêutico e juiz federal ao mesmo tempo, ou para diplomata, TCU e AFRF, simplesmente não dá. A quantidade e variedade de matérias torna isso impossível.

Se a pessoa tem condições emocionais e financeiras para estudar direto para o cargo de seus sonhos, ótimo. Caso contrário,

---

[45] Jardim dos Livros, p. 105.

deverá se valer do "concurso-escada", ou seja, buscar aquele em que tem melhores condições de sucesso menos demorado e se dedicar primeiramente a este. Depois de aprovada, e de estarem minorados ou controlados os problemas emocionais e/ou financeiros, aí partir para os próximos degraus.

Um dos cuidados é não se acomodar no cargo intermediário. Isso não quer dizer que muitas pessoas não optem, com exercício de rara sabedoria, por cargos "menores" do ponto de vista do *status* ou da remuneração, mas igualmente "menores" do ponto de vista das cobranças e exigências.

Não se deve procurar que os outros tenham "orgulho de você", mas que você tenha orgulho de si mesmo, de produzir algo com sua vida, algo que tenha valor para você.

Quando eu, William, era Defensor Público, conseguia ter o serviço totalmente em dia e mais um pouco, trabalhando três vezes por semana (ainda que nessas três, por mais de 8 horas por dia). Isso me concedia as segundas e sextas para outras atividades. Depois que ingressei na magistratura, perdi essa comodidade. Assim, dependendo do que a pessoa deseja, um cargo visto pela sociedade como "menor" pode ser o ideal. Nesse passo, só a própria pessoa pode decidir o que é melhor para ela, não devendo permitir que a sociedade dite a "régua" que vai medi-la. Virar refém do olhar alheio é meio caminho andado em direção à frustração. Isso vale para tudo: cargo, roupas, companhias etc.

Assim, cautela ao escolher em que "terreno" você vai precisar progredir.

Sun Tzu disse:[46]

"Um general infeliz é sempre um general culpado."

Wun Dzu disse:

"Um candidato infeliz é sempre um candidato reprovado."

---

[46] L&PM, p. 110.

William Douglas:

A paz e o equilíbrio interior, a capacidade de se alegrar, a capacidade de fazer escolhas e suportar o peso delas; de fazer renúncias e suportar o peso delas, era essencial na China há 2500 anos... E é essencial no Brasil de hoje. O otimismo, o pensamento positivo e a boa vontade são armas poderosas.

Os candidatos devem controlar seu entusiasmo exagerado e a tendência à tristeza e depressão, naturais em esforços prolongados. Como dizia Miyamoto Musashi, grande samurai, "Tanto em êxtase quanto em profunda tristeza, o espírito enfraquece. Evite os extremos. Não deixe o inimigo ver seu espírito."

Jesus Cristo, aquele que "julga e peleja com justiça"[47], manda que haja moderação em todas as coisas.

Quem adquire essas virtudes é capaz do "olhar abrangente e extenso" que caracteriza os melhores guerreiros, para que não seja como aqueles que "têm olhos, mas não vêem".

Para os estressados ou desanimados, recomendo o WDPTS, *William Douglas Personal Trainning System*, acessível gratuitamente na minha página pessoal: www.williamdouglas.com.br.

A atividade física regular (e sem exageros) é um bom instrumento de combate ao estresse e obtenção de saúde e equilíbrio. Também melhora o humor, a oxigenação (funcionamento) do cérebro e combate/evita depressão.

Como dizia o próprio **Sun Tzu**:

> **"Sem equilíbrio e harmonia não pode haver formação de batalha."**

Foco, equilíbrio e comportamento de águia

Existe um grande desafio para equilibrar "foco" e "vida saudável", "qualidade de vida". Claro que a "vida saudável" e a "qualidade

[47] Apocalipse 19:11,21.

de vida" de um concurseiro não é a mesma de alguém que já passou... mas é preciso pensar nesse assunto. Um bom candidato foca em seus objetivos para vencer, abre mão de muita coisa, se sacrifica. Por outro lado, descobri com o tempo e com a maratona (mais sobre isso, veja meu livro onde conta essa história), que não vale a pena destruir sua vida, saúde e relacionamentos para passar.

Conheço caras que passam e são, ficam ou permanecem infelizes... e conheci gente que passou e teve um infarto poucos dias depois. O grande segredo, se é que existe algum, é focar muito, mas com equilíbrio. Viver uma vida feliz agora é lançar as bases e sementes para uma vida melhor lá na frente.

O primeiro passo é a própria pessoa se ajudar... ser seu aliado e não seu inimigo. Como disse Jesus, "Todo o reino dividido contra si mesmo é devastado; e toda a cidade, ou casa, dividida contra si mesma não subsistirá."(Mateus 12:25).

Em seguida, é preciso criar um equilíbrio onde estude o mais que puder, com a maior qualidade possível (e estudo para concursos inclui muito treino de questões e simulados). Em paralelo, como já toquei duas vezes nesse livro, deve cuidar de um mínimo de sanidade para sua vida pessoal, saúde, relacionamentos, lazer e até mesmo atividade espiritual ou filantrópica, desde que nas medidas adequadas. Um candidato assim pode ter menos horas (quantidade) de estudo/treino, mas terá mais qualidade e rendimento. Este candidato aproveitará a vida e não se arrependerá caso o imponderável o atinja... e agüentará mais tempo a "maratona" dos concursos, a trabalhosa e demorada "campanha militar" até a vitória final. É custoso administrar tudo isso, mas muito menos custoso do que não fazê-lo.

Ainda nesse aspecto, vale mencionar a águia. A águia é um dos mais comuns símbolos militares, de Roma aos EUA, por suas virtudes guerreiras. Para passar é melhor ser "águia" do que "galinha". Escrevi um pouco sobre isso no meu site, www.williamdouglas.com.br, onde você encontrará vários artigos com analogias entre os concursos e vinho, construções, aparelhos ortodônticos, terra prometida etc. Visite-me e leia mais sobre isso.

CAPÍTULO XI

NOVE TIPOS DE SITUAÇÕES
(ou, Dos nove tipos de terrenos)

安

Tranqüilidade

Sun Tzu disse:

"Às vezes podes estar reduzido a não saber aonde ir, nem para que lado recorrer. Nesse caso, não te precipites. Espera tudo do tempo e das circunstâncias. Sê inquebrantável onde estiveres.

Se te engajaste inadequadamente, evita fugir. A fuga causaria tua perda. Perece em vez de recuar. Pelo menos, morrerás com bravura. Comanda com brio. Teu exército, acostumado a ignorar teus desígnios, ignora o perigo que o ameaça. Acreditará que tiveste tuas razões para agir como agiste, e combaterá com tanta disciplina e coragem como se estivesse longamente preparado para a batalha.

Se triunfares, a força, a coragem e a determinação de teus soldados redobrará. Tua reputação crescerá na mesma proporção do risco incorrido. Teu exército se acreditará invencível sob teu comando."[48]

Wun Dzu disse:

"Às vezes podes estar reduzido a não saber aonde ir, nem para que lado recorrer. Nesse caso, não te precipites. Espera tudo do tempo e das circunstâncias. Sê inquebrantável onde estiveres.

Se te engajaste inadequadamente, evita desistir dos concursos. A fuga causaria uma perda. Permanece em vez de recuar. Pelo menos, seguirás com bravura. Comanda com brio, sê aprovado.

---

[48] L&PM, p. 121-122.

Tua alma, acostumada a ignorar teus desígnios, ignora o perigo que o ameaça se desistes no meio do caminho. Se você permanece, sua alma acreditará que tiveste tuas razões para agir como agiste, e combaterá com tanta disciplina e coragem como se estivesse longamente preparada para a batalha.

Se triunfares, a força, a coragem e a determinação de teus soldados redobrará. Tua reputação crescerá na mesma proporção do risco incorrido. Teu exército se acreditará invencível sob teu comando. E tu poderás ir, então, para outros desígnios levando consigo louros ao invés de cicatrizes."

William Douglas:

O único concurso onde você não pode ser reprovado é o último que você for fazer. Paralelamente, cada reprovação é um laudo pericial que indica fria e cirurgicamente onde é preciso melhorar na próxima batalha.

Cada vez que se desiste de um projeto no meio cria-se, internamente, uma carga emocional negativa que tende a aumentar, prejudicando a auto-estima e o desempenho. Assim, depois de tomada a decisão de enfrentar com seriedade os concursos, só se deve parar após uma aprovação, nomeação e posse. Se no dia seguinte você quiser pedir para sair, tudo bem. Mas não faça isso antes.

Não desanime. O tempo premia os que se esforçam.

Como dizia Sun Tzu, "*Ver a vitória quando ela está ao alcance da visão de todos não é o máximo da superioridade. O mérito está em planejar secretamente, frustrar as intenções do inimigo e chegar à vitória sem derramamento de sangue*".

Ou, como dizia Wun Dzu, " *O mérito está em planejar e estudar mesmo que longe da vista de todos, frustrar a todos que não acreditam em você e chegar à vitória sem perder o sentido da vida"*. Óbvio que o foco nunca deve ser os outros, muito menos quem não aposta em você, mas não se pode negar o prazer de ver vaticínios contrários esmigalhados.

No período de preparação ocorrerão erros de sistema de estudo e reprovações em provas, mas eles fazem parte do seu amadurecimento.

Nilton Bonder (*A alma imoral*, p. 132-133), mencionando a citologista Miriam Stampfer, esclarece: "Ao refletirmos sobre o material codificante, o DNA, somos levados a pensar que a solução que se mostrou mais eficiente para a natureza (dadas as limitações presentes nos elementos básicos do mundo físico) foi não utilizar um material que fosse sempre constante, estável e livre de erros. Muito pelo contrário: a estratégia parece ser a de permitir um razoável nível de erros, enquanto paralelamente se engendra um mecanismo de reconhecimento e reparo de erros extremamente eficiente". Ou seja, mesmo a natureza, em sua mais espetacular estrutura, o DNA, não só admite como se vale dos "erros" para manter-se saudável e progredindo.

Na guerra pela sobrevivência, a natureza admite erros. Na guerra pela aprovação, admita errar e proponha-se a evoluir, a se aperfeiçoar e a corrigir os eventuais erros para o próximo dia de estudo ou o próximo dia de prova.

E quando o guerreiro desanima, frente a todas as dificuldades, achando que luta com um inimigo muito mais forte?

Suportando uma longa campanha. Como enfrentar inimigos aparentemente mais poderosos que você?

Depois de um tempo nessa guerra, você, concursando, começará a perceber os elevados custos e sacrifícios necessários para obter sucesso. Mais que isso, descobrirá como é difícil buscar o ponto de equilíbrio entre tudo o que a vida exige de nossa vida hoje e mais o que ela exige para a vida ser melhor, mais confortável ou segura, amanhã.

A dor e até angústia dessas horas pode ser agravada por problemas pessoais, que acontecem, ou pelas injustiças e demoras igualmente naturais na estrada do concurso.

Exatamente nessas horas você poderá achar que é coisa demais para administrar, coisa demais para vencer. E achará que é mais fácil desistir, pensar pequeno, ter desejos menos ousados. E é. Agora.

Contudo, do ponto de vista de sua vida inteira, o que são um, dois, três ou quatro anos nesse esforço comparados com dez, quinze, vinte, trinta anos em uma situação mais confortável e na qual ainda poderá servir à coletividade? É como se você radicalizasse o esforço para depois ter menos guerras (não, elas não acabam, como falo na conclusão deste livro, mas o concurso o ajudará nas demais batalhas).

E quando falo em concurso, o que digo se aplica a qualquer projeto: uma empresa, uma carreira na iniciativa privada, um sonho, um relacionamento...

Estou dizendo que vale a pena e prevenindo você, porque um dia, talvez, pense que é difícil demais para ser feito. Não é. É demorado e trabalhoso, é uma batalha, uma maratona, mas pode ser feito. É feito por outros e pode ser feito por você, qualquer que seja o seu ponto de partida, raça, cor, religião, origem social, condição intelectual atual etc.

Se você acha que é o conjunto de dificuldades pessoais e circunstanciais, a concorrência e a quantidade de matéria, que tudo somado é um "inimigo" forte demais, deixe-me falar com você sobre guerras.

O exército mais poderoso do mundo, da nação mais rica do mundo, foi derrotado por camponeses que usavam roupas simples e comiam apenas arroz. Da mesma forma, por mais simples que seja, você pode derrotar esse "inimigo" e ser vitorioso nesse projeto.

Por que os vietnamitas venceram a Guerra do Vietnã?

Primeiro, porque eles – ao contrário dos norte-americanos – não tinham um lugar para voltar, caso perdessem. Aquela terra já era o lugar deles, sua casa. E a gente luta pela casa da gente. Como dizia Josete, filósofa, professora primária, dona de casa e minha mãe: "sapo que não pula não engole mosca". Se você é um sapo e tem fome, vai ter que pular, colega.

A segunda razão da vitória dos vietnamitas é que seu General, Vo Nguyen Giap, havia estudado Sun Tzu, como você está estudando agora.

Os ensinos de Sun Tzu passaram por Liddell Hart e T. E. Lawrence[49], o Lawrence da Arábia, expressões do pensamento militar europeu mas influenciados por Tzu, e fizeram com que o Comandante do exército vietnamita, Giap, a partir de 1968 passasse a evitar o confronto em larga escala. Ele fez uma opção clara: enfrentou o mais poderoso, armado e rico exército do mundo de uma forma inteligente e paciente; aproveitou o que tinha em seu favor e foi dedicado.

Os vietnamitas estavam comprometidos com suas famílias, com sua terra, com expulsar os invasores. Estavam dispostos a fazer sacrifícios. Eram pacientes e dedicados. Eu diria que aprendiam a matéria, não se recusavam a fazer o que era preciso. Não tinham medo de enfrentar um inimigo que parecia mais poderoso, ou, se tinham, não deixavam que isso os paralisasse.

---

[49] The British Way in Warfare, Liddel Hart; e Seven Pillars of Wisdom, T.E. Lawrence, *apud A Arte da Guerra: Uma Nova Interpretação* (Campus/Elsevier, 2001, p. 137-138).

É isso que eu lhe sugiro: se o inimigo parece grande demais, seja paciente, faça uma coisa de cada vez, faça as coisas bem feitas, lembre-se que cada vez você estará mais forte e ele, o "inimigo", sempre estará lá a seu dispor. Seus problemas e os concursos não vão conseguir escapar: você terá muitas oportunidades para aprender a lidar com eles e finalmente vencê-los.

Seus inimigos são visíveis e muito mais estáticos do que você, de modo que sua movimentação é capaz de lhe dar uma vantagem competitiva.

Prepare-se, mas não se preocupe. Planeje como irá lidar com os problemas, mas não fique ansioso com eles.

Cito, a seguir, dois caminhos para fazer isso.

O primeiro é seguir os conselhos de Bruce Lee (Aforismos, p. 81):

> Não some preocupações a seus problemas – Sereno, sem apego aos resultados, prontos para lutar ou correr, para vencer ou perder e sempre pronto para rir de tudo, para aceitar o que vier. Seu filho está doente ou você não pode pagar aluguel? Tudo bem, aceite esses fatos e os enfrente. Será que eles já não são, por si só, problemas grandes demais sem que você os agrave se preocupando com eles?

O segundo, de cunho espiritual e opcional, as palavras da Bíblia:

> Não andem ansiosos por coisa alguma, mas em tudo, pela oração e súplicas, e com ação de graças, apresentem seus pedidos a Deus. (Filipenses 4:6)

CAPÍTULO XII

ATAQUE PELO FOGO
(ou, Da Pirotecnia)

Este capítulo não foi comentado
por Wun Dzu.

華

Glória

CAPÍTULO XIII

USO DE ESPIÕES

德

Poder

Sun Tzu disse:

"O que possibilita ao soberano inteligente e seu comandante conquistar o inimigo e realizar façanhas fora do comum é a previsão, conhecimento que só pode ser adquirido através de homens que estejam a par de toda movimentação do inimigo."[50]

Wun Dzu disse:

"O que possibilita ao guerreiro completo conquistar a aprovação e realizar façanhas fora do comum é a previsão, conhecimento que só pode ser adquirido através da observação do terreno e de toda movimentação do inimigo."

William Douglas:

O "inimigo" é a banca examinadora. A forma que o "inimigo" tem para aniquilar os guerreiros incompletos[51] é valer-se das dificuldades próprias do terreno, ou seja, da matéria. Assim, o que possibilita conquistar o inimigo é a previsão do que vai cair – que consta no Edital/Programa – e o conhecimento dos assuntos que serão cobrados.

Como conhecer a movimentação do inimigo?

Ora, indo fazer os concursos, fazendo os concursos anteriores em casa ou nos cursos preparatórios. Em provas orais, os bons

[50] Jardim dos Livros, p. 134.

[51] Ou seja, aqueles que ***ainda*** não estão preparados para o cargo.

candidatos mandam seus "espiões", pessoas que vão anotar as perguntas que estão sendo feitas. E, se admitido o acesso, eles mesmos vão assistir. Aliás, entre as boas práticas dos candidatos à magistratura e ministério público está ir assistir às provas orais e entrevistas, mesmo que não tenham feito o concurso ou sido aprovados nas fases anteriores. Eles são seus próprios "espiões".

Para conhecer o inimigo, é recomendável fazer muitas provas da instituição que os acolhe. Leia seus livros quando souber quem são. Para conhecer o terreno, há livros, apostilas, internet, CD´s e DVD´s com a matéria, além de inúmeros bons professores e colegas concurseiros mais antigos.

Sun Tzu chega a exagerar, mas diz: "*Os espiões são os elementos mais importantes de uma guerra, porque neles repousa a capacidade de movimentação de um exército.*"[52] Não chegaria a isso, mas com certeza quem não faz questões e simulados, e não vai fazer os concursos, não vence guerra alguma.

O poder já derivou da força física, da posse de terras, de indústrias, de armas, de petróleo etc. Atualmente, tem poder quem tem **informação e capacidade de fazer uso dela**. Se você tem informação e conhecimento, terá sucesso em concursos, no serviço público, no magistério, na iniciativa privada ou em qualquer outro lugar.

Este livro chega ao fim. Se você aprender a lidar com os desafios e se tornar um bom guerreiro, sua hora chegará. Como dizia o grande samurai Miyamoto Musashi, "***Quando você atinge o caminho da estratégia, não haverá nada que não possa compreender.***"

Creio sinceramente que você está no caminho da estratégia e em breve alcançará o grau de iluminação que permitirá passar em qualquer prova ou concurso. Boa sorte.

Ao passar, sugiro que leia a "conclusão", que segue no próximo capítulo.

---

[52] Record, p. 8.

CONCLUSÃO

慈

Compaixão

恩

Honra

實

Honestidade

1. SUN TZU E A DEFESA DOS INTERESSES DO PAÍS

Sun Tzu disse:

"Lembra-te que defendes não interesses pessoais, mas os do teu país. Tuas virtudes e teus vícios, tuas qualidades e teus defeitos influem igualmente no ânimo daqueles que representas. Teus menores erros têm sempre nefastas conseqüências".[53]

Wun Dzu disse:

"Lembra-te que defendes não interesses pessoais, mas os do teu país. Tuas virtudes e teus vícios, tuas qualidades e teus defeitos influem igualmente no ânimo daqueles que representas. Teus menores erros têm sempre nefastas conseqüências".

William Douglas:

Os textos são idênticos e se aplicam após sua nomeação e posse. Você receberá uma série de privilégios, da mais alta conta e validade, para defender os interesses do país. Só quem já foi dono de seu próprio negócio ou empregado da iniciativa privada sabe o quanto o serviço público é generoso. Por piores que possam ser suas desvantagens, o serviço público é uma "mãe" e o governo um excelente empregador.

Tudo a bem do povo, da coletividade.

---

[53] L&PM, p. 138.

Você, servidor, tem responsabilidades. Tuas virtudes e teus vícios, tuas qualidades e teus defeitos influenciarão o atendimento ao público, o sucesso da instituição onde trabalha e o próprio futuro do país.

Teus erros terão nefastas conseqüências. Assim, seja responsável e cauteloso, probo e dedicado.

Continue a ser um grande guerreiro, honrado, soldado de um novo tempo.

2. AS NOVAS GUERRAS

O sucesso nos concursos deve ser comemorado e transformado em fonte de bem-estar pessoal, familiar e coletivo. No entanto, a aprovação e a posse não resolvem todas as guerras. Existem outras:

- A guerra do sucesso.
- A guerra dos espelhos flutuantes.
- A guerra silenciosa.

2.1. A guerra do sucesso

A **primeira guerra** é concomitante com a dos concursos. Há vários tipos de sucesso: pessoal, social, profissional, financeiro e espiritual. O concurso não resolve todos eles, embora possa ajudar bastante. Assim, cabe a você administrar seus esforços e "campanhas militares" para se sair bem nas diferentes frentes.

Após resolver o problema imediato, de sustento, cabe indagar se o cargo é o que você quer ou o caminho (escada, sustentáculo temporário ou perene) para outro cargo ou atividade.

Com sabedoria, o cargo pode trazer parte do sucesso pessoal, profissional e financeiro. Contudo, como indica a pirâmide de Maslow, a pessoa, a cada degrau atendido, buscará degraus superiores, conforme o diagrama a seguir:

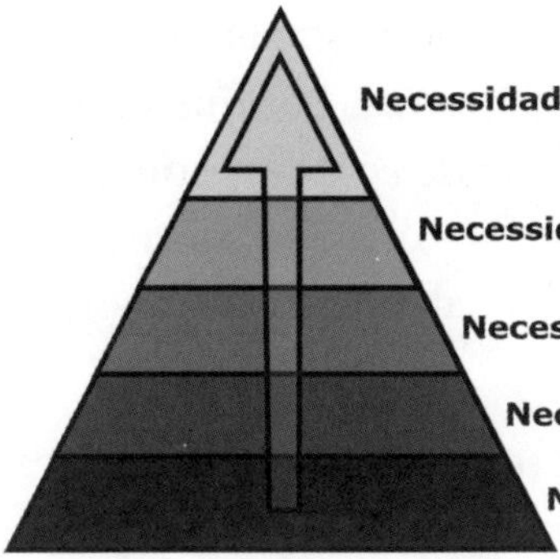

Como dizia Abraham Harold Maslow: "**Um músico deve compor, um artista deve pintar, um poeta deve escrever, caso pretendam deixar seu coração em paz. O que um homem pode ser, ele deve ser. A essa necessidade podemos dar o nome de auto-realização.**"

Acrescento que o artista não precisa *só* pintar.

Esse sentido de auto-realização pode ser resultado de uma série de prazeres e atividades distintas. E, repare, é possível grande realização pessoal no serviço público quando se compreende a grandeza e honorabilidade de sua natureza. Conheço muitos servidores que se realizam com o que fazem, alcançando formas de "sentido da vida". Pode ser o seu caso. Se não for, existirá o desejo interno disso, e você precisará encontrar outros oásis.

Há profissionais, servidores públicos ou não, que limitam sua realização ao trabalho ou a bens materiais. É um direito, claro, mas algo muito pobre, se comparado com a possibilidade de ter família, amigos, servir à coletividade etc.

O sucesso deve ser buscado, mas não antes de se escolher qual o tipo de sucesso que você deseja. O sucesso é, para uns, a competência, para outros, um automóvel do ano. E para você? O sucesso profissional nem sempre é necessariamente financeiro, e o que não faltam são

---

[54] Alguns autores incluem as Necessidades Espirituais na "Auto-Realização", outros sugerem que elas sejam uma nova categoria, acima das citadas.

exemplos de pessoas bem sucedidas profissionalmente e que não sabem administrar seus ganhos financeiros. Por fim, cito o sucesso espiritual, que é encontrar sua forma de conviver com a divindade (e qual divindade). O sucesso pessoal não deve ser apenas intelectual, mas também abrange a saúde, sem a qual de nada adiantam as demais formas de sucesso, salvo a espiritual.

Não quero me alongar nesse tema, mas precisava tocar nesse ponto: busque sucesso, seja um sucesso hoje, não dependa de fatos ou acontecimentos futuros para aproveitar a si, ao planeta e ao que a vida tem para oferecer.

2.2. A guerra dos espelhos flutuantes

A **segunda guerra** começa no dia da posse. A primeira parte dela é aprender o serviço, realizar cursos, adquirir experiência e até conseguir as remoções para onde preferir. Nesse ínterim, a outra grande batalha já estará se configurando: que tipo de servidor você será.

Você pode ser péssimo, ruim, mediano, normal, bom ou excelente. Isso é uma escolha sua. Não depende de quanto você ganha nem de quais os meios que estão a sua disposição. É uma questão individual sobre quem você é, sobre o que faz quando tem poder e segurança.

John F. Kennedy recomendava: “Não pergunte o que seu país pode fazer por você. Pergunte o que você pode fazer por seu país.” O país já concede boas coisas aos servidores públicos, e elas não só são justas como ainda podem ser aperfeiçoadas. Mas o servidor deve retornar à sociedade o que tem de vantagens, garantias e prerrogativas.

Nesse ponto é que ocorre uma guerra: quem você vai ser quando passar...

Falo isso não por ser um exemplo. Não sou. Poderia dizer, como Dicky Fox, no filme *Jerry Maguire* (1996) :

> **"Ei... eu não tenho todas as respostas. Na vida, para ser honesto, eu falhei tantas vezes quantas tive sucesso. Mas eu amo minha mulher. Eu amo minha vida. E eu desejo para você este tipo de sucesso."**

Falo isso porque lhe desejo um sucesso muito maior e mais pleno que o de passar nos concursos. Eu lhe desejo que você ame sua vida. E que vença a guerra dos espelhos. Falo nisso, pois há momentos em que o homem se vê diante de si mesmo, como num espelho, e aquilo que ele vê é o que lhe permite viver em paz e dormir tranqüilo.

É como se houvesse espelhos flutuantes com os quais você se defronta nos momentos de desatenção, crise ou meditação. Nessas horas, quem você é, em quem você se transformou ou em quem você quer se transformar pode ser sua salvação.

Outra característica dos espelhos flutuantes é que eles não têm preço. Não há como mensurar pecuniariamente a tranqüilidade diante do espelho. Por isso, existem pessoas que são incorruptíveis. Por isso, existem pessoas que agem de maneira correta mesmo quando não estão sendo observadas. O espelho as observa. É **um assunto pessoal**, ou um assunto entre elas e Deus.

Com ou sem o concurso, por meio dele ou diretamente no exercício dos cargos, crie um estado pessoal de valor. **Ponha seu mundo em ordem, encontre graça, descubra o que lhe dá gratificação, prazer e alegria**. Encontre uma forma de, enquanto luta, ao final do dia, dormir o "sono dos justos" mesmo que seja apenas a sua justiça modesta e diária.

Prepare-se para se mirar no espelho e se orgulhar das guerras nas quais luta. Encontre uma forma de ser feliz. Se lhe interessar, na p. 111, há o ideograma da felicidade e ali falo um pouco mais sobre ela.

Esta verdade foi dita, com outras palavras e outra metáfora, por Oliver Stone, no filme *Wall Street*, no qual o personagem Lou Mannheim (Hal Holbook) diz para Buddy Fox (Charlie Sheen): "Olha, eu gosto de você, mas lembre-se de uma coisa: o homem fita o abismo. Nada olha de volta para ele. Nesse momento, o homem encontra seu caráter. E isso é o que o mantém fora do abismo."

Não sei como você chamará esse conceito: espelhos, abismos... Mas vale a pena pensar nisso.

2.3. A guerra silenciosa

Chamo a guerra silenciosa de "a revolução". Tenho medo de falar nela e parecer piegas, mas ou corro o risco ou fico quieto. Eu sinto falta de mais pessoas crendo e trabalhando por dias melhores. Como disse Martin Luther King Jr, o problema não é a ação dos maus mas a omissão dos que deviam fazer alguma coisa pelo bem. Não sou santo, nem perfeito, mas quero um país melhor e creio que as pessoas de bem são a maioria. Acho possível mudar alguma coisa. A vida seria muito ruim sem essa expectativa-possibilidade.

Não tenho medo, porém, de me acusarem de pregar uma utopia. Prefiro uma utopia sincera e pragmática do que uma acomodação pessimista. Não é de minha natureza ficar quieto. Creio em utopias: já li de outras que se concretizaram. Daí, vinda de uma maioria silenciosa e que deseja o bem, vinda de diversos extratos sociais, entre os quais o poderoso conjunto dos servidores públicos, creio em uma mudança cultural, ética e de valores que se sustente numa evolução coletiva. Uma revolução silenciosa e invencível.

Creio nesse tipo de mudança e vejo sinais de seu desenvolvimento, de forma clandestina e silenciosa, nas tramas teciduais deste país. Quero viver para vê-la prevalecer e por fim poder soltar meu riso. Acho que os brasileiros estão cansados. Resta saber se irão se levantar para mudar alguma coisa. Não uma mudança sangrenta ou repentina, mas natural e feita sem salvadores nem gênios. Creio muito na revolução gradual, amadurecida.

Não concordo com o "sistema" e quero destruí-lo. É um sistema injusto e ele é meu inimigo. Todavia, o sistema é poderoso e só com poder é possível subjugá-lo e bani-lo. E, claro, como qualquer guerrilheiro sabe, o melhor lugar para combater um sistema é dentro dele. Sun Tzu, por exemplo, dizia que os espiões "são os elementos mais importantes de uma guerra".

E aqui surge meu interesse militar em você, concursando, futuro servidor público. Você já faz parte do sistema e em breve será ainda mais importante dentro dele.

Você terá muito poder, qualquer que seja seu cargo. O ideograma de Poder está na p. 90. Você poderá usá-lo para o bem ou para o mal, seu e de todos. Os ideogramas citados aqui foram três: honestidade, honra e compaixão (comentados brevemente na p. 111). Todo concurso concede algum tipo de poder, mas nenhum consegue avaliar honestidade, honra ou o sentimento de compaixão, solidariedade e empatia. Afinal, são decisões pessoais alteráveis a qualquer tempo. Embora possam decorrer do conhecimento e da sabedoria, não são aferíveis em provas e concursos.

Meu sonho é que alcancemos dias em que os servidores cumpram seus deveres. Sem heroísmos nem exageros, embora ser bom e honrado me pareça uma forma de heroísmo.

Servidores normais, comuns, mas com honra e compaixão resultarão em um país mais justo e digno: agirão com correção e serão, à medida que cada vez mais numerosos, invencíveis. Uma elite.

Desejo uma revolução, silenciosa, construída aos poucos por um novo exército. Um exército de guerreiros treinados, competentes, disciplinados e de fibra. Fibra que foi necessária para a aprovação e que será necessária, em outro formato, para o cotidiano. Pode parecer utopia, mas creio mesmo na revolução que começa no metro quadrado que cada um ocupa.

Se me permite a intromissão em sua vida, após a vitória na guerra dos concursos, sugiro que se aliste de forma simples e sóbria na guerra por dias mais justos. Isso lhe trará alguns dilemas, mas bastante auto-realização e sentido de existência e serviço. Confio no que a Bíblia diz: "**os que trabalham para o bem dos outros encontrarão a felicidade**" (Provérbios 12:20, NTLH).

Você será, em breve, poderoso. E, se estivermos unidos num mesmo projeto, cada um fazendo a sua parte, seremos mais poderosos do que os mais admiráveis exércitos da história de todas as guerras. Um novo exército. Uma nova revolução. A melhor de todas. Uma revolução que é possível. A história mostra desafios de monta superados, revoluções bem sucedidas porque feitas pelo povo.

Viajo bastante pelo exterior e me incomoda profundamente o quanto nos acomodamos com pouco, em um país tão rico. O quanto aceitamos tanta miséria, exploração e distribuição de renda iníqua. Mudar isso é uma guerra.

Esse é um desafio, e ele vale a pena porque diz respeito a nosso lugar e a nosso tempo. Se o vencermos, poderemos dizer, como Paulo: "combati o bom combate". E se não lograrmos êxito, ao menos teremos dado nossa contribuição, tal como Moisés, que não pisou na Terra Prometida, mas a viu ao longe.

Juscelino Kubitschek, por exemplo, disse: "Deste Planalto Central, desta solidão que em breve se transformará em cérebro das mais altas decisões nacionais, lanço os olhos mais uma vez sobre o amanhã do meu País e antevejo esta alvorada, com fé **inquebrantável e uma confiança sem limites no seu grande destino**." (g.n.)

Acho que podemos lançar os olhos mais uma vez sobre o amanhã de nosso país para ver essa desejada alvorada, e fazer isso com fé inquebrantável e uma confiança sem limites no seu grande destino. E, ao colocar em prática a revolução, não só ousar sonhar, mas ousar realizar a nossa parte. Eu tenho fé num país mais decente e sugiro que você tenha fé: em Deus, em si mesmo, no serviço público e no país.

Ajude a pôr nosso mundo em ordem.

Creio que os servidores podem fazer uma revolução no serviço público, a começar pelo metro quadrado que cada um ocupa. Falo mais sobre isso na página www.revolucao.info, mas sugiro cinco compromissos pessoais para ajudar na revolução. Digo "pessoais" porque não é algo que dependa de um líder, cada um pode ser seu próprio líder.

1. Ser um bom Servidor Público
2. Tratar o público com educação e respeito
3. Melhorar a Operação
4. Ser proativo
5. Ser honesto

Se você for um bom servidor, estaremos no caminho certo.

Como disse Gandhi:

> "Seja a mudança que queres ver no mundo".

Você já terá uma série de vantagens. Ninguém melhor que você, então, para ouvir o conselho de John F. Kennedy:

> "Não pergunte o que o seu país pode fazer por você. Pergunte o que você pode fazer pelo seu país."

Peço desculpas por citar, nesta conclusão, meus sonhos e minha fé, por confessar uma sublevação. É que acredito nas palavras e no poder que elas transmitem.

Como disse no início deste livro, convido-o a ser, depois da posse, um guerreiro honrado, modesto mas firme, soldado de um novo tempo.

A revolução virá.

Felicidade

Anexo

IDEOGRAMAS CHINESES
E BREVES COMENTÁRIOS

Ideogramas chineses e breves comentários

平

Prefácio – PAZ

Como afirma Sun Tzu, é o objetivo de todas as guerras. "Guerra" pode ser entendida como "qualquer situação que exija escolhas difíceis sobre criação e destruição, vida ou morte" (*A Arte da Guerra*, Campus/Elsevier). A paz será obtida ao se adotar as decisões adequadas, compatíveis com nossos desejos e crenças.

Paz é o que buscamos com o nosso esforço: o dia em que não seja preciso mais competir. Nesse passo, desejo ao leitor que alcance um estado de graça e realização que traga a paz.

Nesse sentido, Lao Tse disse:

"Aquele que conhece o outro é sábio./Aquele que conhece a si mesmo é iluminado./Aquele que vence o outro é forte.[55]/Aquele que vence a si mesmo é poderoso./Aquele que conhece a alegria é rico./Aquele que conserva o seu caminho tem vontade.

Seja humilde, e permanecerás íntegro./Curva-te, e permanecerás ereto./Esvazia-te, e permanecerás repleto./Gasta-te, e permanecerás novo.

O sábio não se exibe, e por isso brilha./Ele não se faz notar, e por isso é notado./Ele não se elogia, e por isso tem mérito./E, porque não está competindo, /ninguém no mundo pode competir com ele".

愛

Sumário – AMOR

Valor aparentemente contraditório em um livro sobre guerras. No ideograma original surgem as imagens do "coração", do "fôlego", e do "movimento gracioso". O amor é a maior fonte de inspiração, fôlego e motivação para a busca de qualquer objetivo. Descubra o que você ama e como o concurso contribuirá para você alcançar o objeto de seu amor; e será mais fácil enfrentar a maratona dos concursos.

---

[55] Outra tradução: "Rico é quem vive contente".

道

Introdução – TAO – O CAMINHO

Em sentido militar, seguir o TAO é obedecer às ordens do líder. Seja seu líder, comande a si mesmo, tenha autocontrole.

Em outros sentidos, TAO pode significar retidão moral, religião (o taoísmo ou qualquer outra), filosofia, doutrina etc.

Os orientais buscam o todo, que definem como TAO. O sinólogo e especialista em cultura chinesa Richard Wilhelm, que, junto com Carl Gustav Jung, escreveu *O segredo da flor de ouro*, registrou que a palavra TAO é representada por dois sinais: "cabeça" e "caminhar". Outros autores traduzem TAO por "sentido". Há os que empregam TAO para expressar "luz do céu". Para Robert Wong, TAO é o "caminho natural". Para alguns, é a "realidade insondável" ou a "divindade". Há mais de 30 palavras diferentes para exprimir o sentido do ideograma chinês para TAO.

Para mim, TAO é uma palavra a ser compreendida no contexto. Militarmente, é seguir o líder, como disse. Como "luz do céu" ou "caminho espiritual", para mim o TAO é Aquele que se apresenta como "o caminho, a verdade, e a vida" (João 14:6).

清

Capítulo I – CLAREZA

Lucidez, representada pelo símbolo da água cristalina. É preciso perceber com clareza o que se quer e o preço do sonho. É compreender a relação custo x benefício, os sacrifícios a serem feitos e por que eles valem a pena. Toco nesse ponto em meu livro *Como Passar em Provas e Concursos* e no seu resumo, o *Guia de Aprovação em Concursos*. A clareza e lucidez são abordados quando falo sobre "acuidade", em estar consciente e atento.

志

Capítulo II – AMBIÇÃO

Ambição é uma palavra boa, um sentimento bom. É o desejo de crescimento, aprendizado e realização. A própria Bíblia critica apenas a "ambição egoísta". A "boa" ambição é uma característica dos realizadores.

英

Capítulo III – CORAGEM

A virtude de agir, apesar dos receios e medos; a capacidade de fazer o que é preciso ser feito, de "fazer a coisa certa". Kennedy dizia que poucos homens conseguem mudar, sozinhos, a história da humanidade, que o mundo é movido por inúmeros e pequenos atos/gestos de coragem e de crença. É preciso coragem para viver a vida. A bravura e o heroísmo são atributos do cotidiano, mais do que de seres míticos.

協

Capítulo IV – INTEIREZA / UNIDADE

É estar inteiro nos seus projetos, "vestir a camisa", "pagar o preço", "comprar a briga". Na administração do tempo, é preciso fazer uma coisa de cada vez: concentrar-se nela e fazer o seu melhor, o melhor possível, sem pressa ou timidez. Como dizia Fernando Pessoa: "Põe tudo o que és no mínimo que fazes", pois assim, "em cada lago a lua inteira brilha, porque alta vive".

和

Capítulo V – HARMONIA

O equilíbrio é essencial. Haverá harmonia quando o guerreiro for capaz de equilibrar o cuidado com o presente e o futuro, a atenção a si e ao planeta, o tempo de lazer e o tempo de estudo. Quando cada parte de sua mente, corpo e vida estiver proporcionalmente devotada ao que precisa e deseja, a pessoa estará em perfeita harmonia.

E será um guerreiro poderoso e sensível.

智

Capítulo VI – SABEDORIA

A sabedoria não é atributo insondável e nem inacessível. O homem comum pode ser sábio e, logo, poderoso. Se, como falava a mãe do Forrest Gump, "idiota é quem faz idiotices", sábio será qualquer um "que fizer coisas sábias", ou seja, as coisas certas. Isso qualquer pessoa pode fazer. Segundo Salomão, a sabedoria é uma opção e traz consigo riquezas, honra, paz e vida longa e próspera. Aos que desejarem sabedoria, recomendo ler o livro de Provérbios (no Velho Testamento), um capítulo por dia (são 31 capítulos), o que permite uma leitura fácil e completa do livro a cada mês do ano.

Capítulo VII – PACIÊNCIA

A natureza não dá saltos, senão em casos raros como os dos *X-men* e da "teoria do centésimo macaco". Em geral, como ensinam diversas doutrinas, "devagar também é pressa", como alertava minha mãe. Lao Tse dizia que a jornada de mil milhas começa com um único passo, debaixo de nossos pés. A árvore de largo abraço começa com uma pequena semente.

No ideograma chinês, há uma faca tangenciando o coração do homem paciente. Pela minha experiência, posso dizer que a realização de projetos demanda temperança e fibra para suportar uma faca sobre nossa alma ou corpo enquanto perseguimos nosso sonho. O sono, o cansaço, as renúncias, a dor, tudo não deixa de ser uma faca sobre o nosso coração (no chinês antigo, não havia distinção essencial entre mente e coração). Em uma coisa eles continuam corretos: como Dicky Fox* dizia, "se o seu coração estiver vazio, o cérebro não adianta de nada".

* Personagem do filme *Jerry Maguire – A Grande Virada.*

Capítulo VIII – ENERGIA

Energia e disposição são os combustíveis do desejo. É preciso um sistema de motivação e re-motivação e braço forte para assumir a "lavoura".

Como diria Cora Coralina, "os dois maiores valores da vida são o amor e o trabalho". É preciso energia e vontade de trabalhar. Aliás, o único lugar aonde "sucesso" e "dinheiro" vem antes de "trabalho" é no dicionário.

Tranqüilo, você poderá seguir os conselhos de Sun Tzu (tradução do Grupo Denma, publicado pelo Brasil pala Campus/Elsevier): "Use a ordem para esperar o caos. / Use o silêncio para esperar o clamor. / Use o próximo para esperar o distante. / Use o fácil para esperar o esforço. / Use a satisfação para esperar a fome".

Capítulo IX – VIGOR

A continuação da energia. Também essencial. A obtenção e manutenção do vigor têm relação com o equilíbrio emocional e boa administração do tempo, horários e atividades. É útil a boa relação entre responsabilidade e flexibilidade, assim como os momentos de descanso (lazer, família, religião etc.). O sedentarismo prejudica seriamente o vigor; aos sedentários, recomendo o programa "WDPTS", disponível gratuitamente no meu *site*.

恩

Capítulo X – GRAÇA

Um guerreiro ou candidato pode obter "graça" como fruto da clareza, coragem, inteireza, harmonia, sabedoria, paciência etc. É possível obter esse estado fantástico com o tempo e o amadurecimento emocional e intelectual que decorrem do esforço continuado e da acuidade. O guerreiro em estado de "graça", já dizia o samurai Miyamoto Musashi, é capaz de perceber um ataque mesmo se estiver de costas para o inimigo. Isso é graça.

安

Capítulo XI – TRANQÜILIDADE

Há tranqüilidade quando o seu mundo está em ordem. O melhor conceito pictográfico da tranqüilidade, em um concurso de pinturas, foi o que desenhou um filhote de pássaro dormindo em seu ninho em meio a uma tempestade. A tranqüilidade não significa ausência de lutas ou problemas, mas sua atitude diante da vida. Coloque seu mundo em ordem, trabalhe para alcançar o estado espiritual de "graça" e você estará tranqüilo em meio às tempestades. Tanto "graça" quanto "tranqüilidade" podem e devem ser influenciados ou obtidos através da relação com a divindade. Por exemplo, no meu caso pessoal, obtenho graça e tranqüilidade por intermédio de promessas como "O Senhor é o meu pastor, nada me faltará" (Salmo 23:1), "Deixo-lhes a paz, a minha paz lhes dou" (João 14:27), "Não estejais ansiosos por coisa alguma" (Filipenses 4:4) e "Valeis mais que os passarinhos" (Lucas 12:24).

Não sei onde você vai buscar sua paz, graça e tranqüilidade, mas recomendo encontrar elas uma fonte e nelas um oásis em meio aos desertos de inquietude que a vida tem.

華

Capítulo XII – GLÓRIA

Após o esforço e os prazos exatos, seu empenho lhe guindará à glória, ao sucesso e à realização dos sonhos e projetos. Você vai merecer isso.

徳

Capítulo XIII – PODER

Originalmente, o ideograma se refere à "virtude".

Virtude traz poder, seja virtude moral, intelectual, decorrente da dedicação e trabalho e assim por diante. Virtude moral traz poder moral; virtude intelectual e esforço trazem conhecimento (e conhecimento é poder). O candidato obterá poder, ou melhor, parcela do poder estatal. Representará o soberano e falará em nome dele, perante ele e para ele. Será ao mesmo tempo parte do prêmio por seu esforço e uma imensa responsabilidade. Como dizia o Tio Ben (o tio do Homem Aranha), "grandes poderes trazem grandes responsabilidades".

Conclusão

實

HONESTIDADE

Sócrates, o filósofo, dizia que "se o desonesto soubesse a vantagem de ser honesto, ele seria honesto ao menos por desonestidade". O Rei Salomão diz que o bom nome vale mais do que muitas riquezas (Provérbios 22:1).

恩

HONRA

A honra é um dos mais especiais atributos do homem e do guerreiro, sendo um dos melhores abrigos diante das intempéries do destino.

慈

COMPAIXÃO

A compaixão, embora não seja uma demanda primária no serviço público, se for vista como empatia, humanidade e solidariedade, representa um sentimento superior e dos mais necessários ao exercício do poder e do hábito de existir.

福

FELICIDADE

Feliz por terminar mais um livro, menciono a felicidade, ao lado da paz, como os bens mais valiosos a serem perseguidos. Paz e felicidade é o que desejo a todos os leitores e guerreiros, e que elas venham o mais cedo possível.

Bessie Stanley disse que "alcançou o sucesso aquele que viveu bem, riu com frequência e amou muito". Nesse sentido, sucesso e felicidade são coisas muito parecidas, e que dependem muito mais de suas escolhas e atitudes do que de qualquer fator externo. Ferris Bueller ("Curtindo a vida adoidado") diria isso de outro jeito: "A vida passa muito rápido e, se você não parar e olhar ao redor de vez em quando, você vai acabar perdendo-a".

Felicidade é algo eminentemente simples. Confúcio dizia que "com arroz comum para comer, com somente água para beber e um travesseiro, eu sou feliz". Paulo (I Timóteo 6:8), recomendava que "tendo, porém, alimento e vestuário, estejamos com isso contentes".

A felicidade pode ser encontrada em ricos e pobres, bonitos e feios, sábios e ignorantes. Ela não depende desses fatores. A grande questão é: ela pode ser encontrada em você?

Veja bem: não há felicidade *delivery*. Você precisa ir buscá-la, em uma viagem em direção a si mesmo e ao que você escolhe.

Por fim, cito Clarice Lispector, que no livro *Uma aprendizagem ou O livro dos prazeres* (1998, p. 56), fazia a seguinte prece, com a qual termino esse opúsculo:

Deus, "alivia a minha alma, faze com que eu sinta que Tua mão está dada a minha, faze com que sinta que a morte não existe porque na verdade já estamos na eternidade, faze com que eu sinta que amar não é morrer, que a entrega de si mesmo não significa a morte, faze com que eu sinta uma alegria modesta e diária, faze com que eu não Te indague demais, porque a resposta seria tão misteriosa quanto a pergunta, faze com que me lembre de que também não há explicação porque um filho quer um beijo de sua mãe e no entanto ele quer e no entanto o beijo é perfeito, faze com que eu receba o mundo sem receio, pois para esse mundo incompreensível eu fui criada e eu mesma também incompreensível, então é que há uma conexão entre esse mistério do mundo e o nosso, mas essa conexão não é clara para nós enquanto quisermos entendê-la, abençoa-me para que eu viva com alegria o pão que eu como, o sono que durmo, faze que eu tenha caridade por mim mesma pois senão não poderei sentir que Deus me amou, faze com que eu perca o pudor de desejar que na hora de minha morte haja uma mão humana amada para apertar a minha, amém."

BIBLIOGRAFIA

BIBLIOGRAFIA

BÍBLIA SAGRADA. Versões ARC, ARA, NVI e NTHL.

BONDER, Nilton. *A alma imoral: traição e tradição através dos tempos*. Rio de Janeiro: Rocco, 1998.

Corpo de Fuzileiros Navais Americano. *Warfighting* (MCDPI). Washington, D.C.: Departamento da Marinha Norte-Americana, 1977.

DOUGLAS, William. *Como passar em provas e concursos*. 20. ed. Rio de Janeiro: Campus/Elsevier, 2007.

____. *Guia de Aprovação em concursos*. 5. ed. Rio de Janeiro: Campus/Elsevier, 2007.

____. *A maratona da vida: um manual de superação pessoal*. 2. ed. Rio de Janeiro: Ediouro, 2007.

____. *A última carta do tenente*. 2. ed. Niterói: Impetus, 2006.

DOUGLAS, William; BARROS, Francisco Dirceu. *Carta aos concursandos*. Rio de Janeiro: Campus/Elsevier, 2005.

DOUGLAS, William; SOARES, Ricardo. *Leitura dinâmica: como aumentar a velocidade, compreensão e retenção da leitura*. 5. ed. Rio de Janeiro: Campus/Elsevier, 2006.

EKER, T. Harv. *Os segredos da mente milionária*. Rio de Janeiro: Sextante, 2006.

HERRIGEL, Eugen. *A arte cavalheiresca do arqueiro zen*. 19. ed. São Paulo: Pensamento-Cultrix, 2003.

LAO-TSÉ. *Tao Te King*. 6. ed. São Paulo: Alvorada, 1987.

LEE, Bruce. *Aforismos / Bruce Lee*. São Paulo: Conrad Editora do Brasil, 2007.

LISPECTOR, Clarice. *Uma aprendizagem ou o livro dos prazeres*. Rio de Janeiro: Rocco, 1998.

TZU, Sun. *A arte da guerra*. 17. ed. Adaptação e prefácio de James Clavell. Rio de Janeiro: Record,1996.

____ . *A arte da guerra*. Rio de Janeiro: Paz e Terra, 1996.

____ . *A arte da guerra: uma nova interpretação*. 9. ed. Rio de Janeiro: Campus/ Elsevier, 2001.

____ . *A arte da guerra*. Porto Alegre: L&PM, 2006.

____ . *A arte da guerra: os treze capítulos originais*. São Paulo: Jardim dos Livros, 2006.

MUSASHI, Miyamoto. *O livro dos 5 anéis: o clássico guia da estratégia*. São Paulo: Madras, 2003.

WAGNER, William. *O soldado absoluto* (Biografia do General Lott). Rio de Janeiro: Record, 2005.

WONG, Robert. *O sucesso está no equilíbrio*. Rio de Janeiro: Campus/Elsevier, 2006.

YUZAN, Daidoni. *Bushido: o código do samurai*.São Paulo: Madras, 2005.

Filmografia

Jerry Maguire – A Grande Virada (*Jerry Maguire*, EUA, 1996).
Forrest Gump – O Contador de Histórias (*Forrest Gump*, EUA, 1994).
Homem-Aranha (*Spider-Man*, EUA, 2002).
Wall Street – Poder e Cobiça (*Wall Street*, EUA, 1987).
Curtindo a Vida Adoidado (*Ferris Buller's Day Off*, EUA, 1986).
300 (*300*, EUA, 2007).

OBRAS DE WILLIAM DOUGLAS NA EDITORA CAMPUS/ELSEVIER

O primeiro, melhor e mais completo manual sobre o assunto. Versão integral, com DVD, ideal para concursos jurídicos e de nível superior.

A versão resumida do clássico "Como Passar em Provas e Concursos", ideal para revisão rápida e/ou concursos de nível médio.

As lições de Sun Tzu interpretadas especialmente para provas e concursos.

Como multiplicar a velocidade, a compreensão e a retenção da leitura. Inclui CD com exercícios.

Uma carta de apoio de quem sabe como chegar lá. Livro motivacional, com conselhos e dicas.

Um estudo aprofundado sobre cérebro, memória, PNL, pensamento positivo e Lei da Atração para provas e concursos.

www.campus.com.br

www.williamdouglas.com.br